Guerra de submarinos no Atlântico: a história da luta sob as ondas entre os aliados e a Alemanha nazista durante a Segunda Guerra Mundial

Por Charles River Editors

Uma foto de oficiais britânicos em um contratorpedeiro que faz parte de um comboio em busca de submarinos alemães

Charles River Editors traz publicações de qualidade superior em mídia para a internet, sejam elas editadas ou trabalhos originais, com a expertise de criar uma ampla gama de conteúdo digital para editoras. Além a fornecer conteúdo digital original para autores e editores, nós também republicamos os maiores trabalhos literários de toda a civilização, trazendo o conteúdo às gerações novas dos leitores por meio dos e-books.

Cadastre-se para receber updates sobre livros gratuitos quando os publicarmos , e visitem nossa página de Autores Kindle para encontrar promoções, livros gratuitos e conteúdo mais recente de nossas publicações pelo Kindle.

Introdução

Uma imagem de um submarino alemão atingindo um navio mercante com torpedos

"Nós da torre tivemos a chance de ver o holocausto. Três embarcações tombaram muito inclinadas, lançando colunas de fumaça e fogo para o ar. Os botes salva-vidas brancos pendurados de cabeça para baixo em seus turcos. Dois destróieres correram em direção aos navios moribundos. Era uma pintura de cores raras e vivas. " - Comandante de submarino Herbert A. Werner, descrevendo um ataque de submarino em agosto de 1941 (Werner, 2002, 53).

O perigo rondava sob as águas frias e cinzentas do Mar

do Norte e as ondas azuis cintilantes do Atlântico tropical durante a Segunda Guerra Mundial, enquanto o Terceiro Reich de Adolf Hitler tentava estrangular as rotas de navegação aliadas com ataques de U-boat. Submarinos alemães e britânicos vasculharam o vasto campo de batalha oceânico em busca de presas, enquanto os cientistas desenvolviam novas tecnologias e contramedidas.

A guerra submarina começou provisoriamente durante a Guerra Civil Americana (embora os Países Baixos e a Inglaterra tenham feito pequenos protótipos séculos antes, e o sargento americano Ezra Lee pilotou o "Turtle" sozinho em vão contra o HMS Eagle perto de Nova York em 1776). A invenção do torpedo pelo britânico Robert Whitehead introduziu a arma mais tarde usada com mais frequência por submarinos. Melhorias constantes no design de Whitehead levaram aos torpedos militares implantados contra a navegação durante as duas guerras mundiais.

A Primeira Guerra Mundial testemunhou a Primeira Batalha do Atlântico, quando o Kaiserreich lançou seus U-boats contra a Inglaterra. Durante os 52,5 meses de guerra, os submarinos alemães enviaram grande parte da marinha mercante britânica para o fundo. Na verdade, a dependência alemã dos U-boats tanto na Primeira quanto na Segunda Guerra Mundial derivou em grande parte da geografia de seu país. Os alemães acabaram reconhecendo a primazia da Marinha Real e sua capacidade de bloquear a curta costa da Alemanha em caso de guerra. Embora os britânicos pudessem interditar facilmente os navios de superfície, os submarinos escaparam de suas ancoragens em Kiel ou Hamburgo sem serem vistos, podendo atacar os navios mercantes da Inglaterra.

Durante a Primeira Guerra Mundial, os submarinos alemães operaram sozinhos, exceto em uma ocasião. Inicialmente, os britânicos e as nações que abasteciam a Inglaterra com alimentos e material espalharam navios isoladamente pelo oceano, tornando-os vulneráveis aos submarinos solitários. No entanto, a ampla retomada do sistema de comboio no final da guerra derrubou as probabilidades a favor dos navios de superfície, conforme descrito por um capitão de submarino: "Os oceanos imediatamente ficaram vazios; por longos períodos de tempo, os U-boats, operando individualmente, não veriam absolutamente nada; e então, de repente, surgia uma enorme multidão de navios, trinta ou cinquenta ou mais deles, cercados por uma forte escolta de navios de guerra de todos os tipos. (Blair, 1996, 55).

A Primeira Guerra Mundial provou o valor dos submarinos, garantindo seu emprego generalizado no próximo conflito. Além da Alemanha e da Grã-Bretanha, o Japão e os Estados Unidos também construíram extensas frotas de submarinos antes e / ou durante a guerra. Uma inovação crítica nas operações do submarino atlântico da Segunda Guerra Mundial consistia em táticas de matilha de lobos, nas quais o almirante Karl Dönitz confiava muito: "Quanto maior o número de U-boats que pudessem ser trazidos simultaneamente para o ataque , os mais favoráveis seriam as oportunidades oferecidas a cada atacante individual. [...] era óbvio que, por motivos estratégicos e táticos gerais , os ataques a comboios devem ser realizados por uma série de U-boats que atuam em uníssono. " (Dönitz, 1990, 4).

No entanto, mesmo a matilha se mostrou insuficiente para derrotar os comboios do Atlântico e parar o comércio aliado - o oposto exato do teatro do Pacífico, onde as excelentes forças submarinas da América aniquilaram grande parte da marinha mercante do Japão e infligiram graves danos à Marinha Imperial Japonesa.

A Importância do Atlântico

A luta pelo controle do Atlântico representou uma corrida armamentista em vários níveis, incluindo sistemas de armas ofensivas e contramedidas defensivas. Enquanto os Aliados aperfeiçoavam sua tecnologia de comboio e melhoravam seu uso, os alemães adicionaram novos recursos aos seus U-boats, permitindo-lhes se mover mais rápido, bater com mais força e tentar escapar após um ataque de maneira mais eficaz. A troca de idas e vindas testemunhou os alemães descobrindo uma nova fraqueza, explorando-a e então, após um breve período de sucesso notável, perdendo terreno para novas contra-medidas. Nesta corrida, os Aliados eventualmente ultrapassaram o Eixo, levando à derrota efetiva dos U-boats e sua redução a um mero aborrecimento mais tarde na guerra.

Os riscos dessa luta naval permaneceram muito altos durante a guerra. O controle americano das rotas marítimas fornecia à Grã-Bretanha alimentos e armamentos, enquanto o programa de leasing fornecia aos soviéticos material sem o qual sua derrota estaria quase garantida. Ao lado de dezenas de milhares de caminhões, locomotivas, tanques, carros, motocicletas, peças de artilharia, 15 milhões de pares de botas, 14 bilhões de libras de comida (grande parte dela carne processada com alto teor calórico) e incontáveis cartuchos de munição, os americanos também forneceram a URSS com uma ampla gama de matérias-primas, trazidas por mar.

Sem o controle norte-americano das rotas marítimas, os soviéticos teriam naufragado, como demonstra o suprimento americano de um metal vital - o alumínio - para seus aliados quase hostis: "A União Soviética, no entanto, precisava desesperadamente de alumínio. Quando Harry Hopkins fez sua primeira visita a Josef Stalin em julho de 1941 para perguntar ao ditador soviético de que o país precisava para continuar lutando à luz da invasão alemã, a prioridade número um que ele recebeu foram os embarques imediatos de alumínio para que a União Soviética pudesse construir mais aeronaves. Daí até o fim da guerra, os Estados Unidos despejaram alumínio na União Soviética. Em 1943, estava fornecendo aos soviéticos mais do metal, então foi realmente alocado para toda a Marinha dos Estados Unidos. "(O'Brien, 2015, 64).

Ao abandonar a criação de porta-aviões, os nazistas inadvertidamente desistiram de qualquer chance de realmente controlar o Atlântico. Os submarinos atacaram como predadores de emboscada e certas classes de aeronaves terrestres também se juntaram à briga, mas a falta de porta-aviões alemães prejudicou sua capacidade de realizar ações de frota modernas e obter uma vitória decisiva no mar.

Os comandantes aliados já sabiam, por experiências de

navegação na Primeira Guerra Mundial, que grandes comboios de navios eram um alvo ruim para os submarinos. As escoltas protegiam essas agregações de navios de forma mais eficaz, concentrando sua força defensiva e fornecendo apoio mútuo. Portanto, na Segunda Guerra Mundial, os comboios forneceram a regra, não a exceção, desde o início. Embora os alemães tenham obtido alguns triunfos notáveis e quase tenham interrompido a navegação em alguns pontos, o sistema de comboio combinado com avanços tecnológicos e táticos acabou prevalecendo.

Mesmo um fator aparentemente simples como melhorar os motores dos navios de carga ofereceu aos Aliados grandes dividendos. Os planejadores americanos e britânicos perceberam muito cedo que mesmo 1 a 2 nós a mais na velocidade fazia uma diferença tremenda na sobrevivência da embarcação. Consequentemente, os americanos construíram seus navios da Liberty para viajar a uma velocidade então rápida de 11 nós. Mais de 38 milhões de toneladas de Liberty Ships lançados de estaleiros americanos, totalizando 2.710 navios e superando os melhores esforços dos U-boats em velocidade e números.

Como parte do plano estratégico geral, o comando aliado utilizou análise estatística racional, fornecendo insights inestimáveis sobre a matemática por trás de um dos muitos fatores que se misturam ao sucesso dos Aliados no Atlântico: "Os americanos acabaram calculando a diferença de segurança dos comboios em 1943. [...] Um cálculo americano foi que aumentar a velocidade de um comboio de 7 nós para 9 nós deu aos navios envolvidos um terço extra de proteção contra o ataque de submarino alemão. [...] entre outubro de 1942 e maio de 1943, o mais rápido comboios (aqueles com média de cerca de 9 nós) sofreram uma taxa de baixas 50 por cento menor do que comboios mais lentos (aqueles com média de cerca de 7 nós), mesmo quando foram atacados com aproximadamente a mesma taxa. " (O'Brien, 2015, 255-256).

Os alemães também utilizaram navios de superfície, conhecidos como invasores de comércio, para atacar os comboios com canhões e tiros de torpedo. Embora possa parecer incrível que os navios de superfície operassem abertamente perto da poderosa Marinha Real e suas constantes patrulhas aéreas, os nazistas manejaram esse truque por algum tempo por meio do uso inteligente de camuflagem.

Os alemães rapidamente adicionaram e removeram estruturas de madeira leve e falsas, como funis de navios mercantes ou caixas de armazenamento de carga para mudar rapidamente a aparência de seus invasores de superfície. As tripulações de aviões e marinheiros britânicos exibiram uma ingenuidade quase comovente na maneira como aceitaram algumas das fraudes visuais dos alemães pelo seu valor nominal: "As tripulações também eram treinadas para usar roupas civis no convés e, geralmente, havia 'personagens' especiais projetados para fazer o navio parecer mais inofensivo para um observador casual, como uma 'mulher' empurrando um carrinho de bebê no convés. Os disfarces alemães enganaram as patrulhas britânicas repetidas vezes. Em 18 de maio de 1941, o Atlantis - disfarçado de cargueiro holandês - passou a 8.000 jardas do encouraçado britânico HMS Nelson sem levantar suspeitas. " (Forczyk, 2010, 42).

Os alemães também colocaram à tona vários navios de guerra enormes, incluindo o Bismarck e o Graf Spee. Essas naves colossais, destinadas a devastar comboios inteiros sem suporte ou com apenas um punhado de outros invasores acompanhando-os, infligiram alguns danos, mas acabaram sendo vítimas de sua própria presença avassaladora. Vendo-os como uma ameaça descomunal, os britânicos despejaram todos os recursos disponíveis na caça a esses navios de guerra, e seu tamanho tornou os navios lentos e difíceis de esconder, selando seu destino assim que os britânicos os localizaram com sucesso com aeronaves de reconhecimento.

O Bismarck encontrou os navios de guerra britânicos HMS Hood e Prince of Wales logo após o amanhecer de

24 de maio de 1941 , mas no início os alemães acreditaram que o contato era um navio muito menor. No entanto, o agressivo Hood rapidamente os desiludiu da noção: "Os canhões dianteiros do Hood acordaram com um trovão tremendo, o vento varreu uma enorme nuvem de fumaça preta de cordite sobre a ponte e quatro projéteis, cada um pesando mais de 800 quilogramas, começaram a jornada de 23.000 metros em direção ao alvo pretendido. Todas as dúvidas alemãs desapareceram quando os canhões do Hood dispararam, quase imediatamente seguidos pelos canhões principais do Príncipe de Gales. Os enormes flashes e o longo alcance de tiro eram sinais claros o suficiente. " (Zettering, 2012, 156).

O Bismarck

HMS *Hood*

Após um duelo breve e letal, uma provável explosão do carregador explodiu o Hood , fazendo-o afundar com uma tremenda perda de vidas. A tripulação do Bismarck, entretanto, não sobreviveu por muito tempo para saborear seu triunfo; trazido para a batalha por quatro navios britânicos apenas três dias depois, em 27 de maio de 1941, o gigante recebeu 400 ataques diretos de projéteis de 2.800 disparados contra ele pelos ingleses. Vendo seu navio em chamas e incapaz de escapar, o capitão ordenou que o Bismarck afundasse, mas os britânicos resgataram apenas 111 homens antes de recuar, assustados por um falso relato de U-boats se aproximando. Cerca de 2.200 marinheiros alemães se afogaram ou morreram de exposição nas águas frias do Mar do Norte, provando o valor reduzido dos navios de guerra. O Graf Spee sofreu um destino semelhante durante a Batalha do Rio da Prata na América do Sul.

Apesar dessas batalhas de alto nível, a principal arma da Alemanha nazista rondava não acima das ondas, mas abaixo delas. Os U-boats, usados com efeitos devastadores na Primeira Guerra Mundial, retornaram de forma atualizada para a Segunda Guerra Mundial. Com o tempo, mais de 200 dessas naves vasculharam o Atlântico em busca de alvos, atacando sem aviso antes de escaparem para evitar torpedos e outras formas de retaliação.

Quase desde o momento em que a Grã-Bretanha declarou guerra à Alemanha após a invasão da Polônia por Hitler em 1939 até 1943, os submarinos dobraram as ondas do Atlântico, tentando interromper a linha de vida americana da Grã-Bretanha. Embarcações americanas e canadenses escoltaram os comboios parcialmente através do oceano antes de entregar a guarda aos navios britânicos. No início, a falta de status de guerra da América com as potências do Eixo garantiu esse arranjo. Mais tarde, o severo mas diplomático almirante norte-americano Ernest J. King continuou a prática tanto de fazer uso dos valiosos ativos britânicos quanto de respeitar os sentimentos patrióticos dos ingleses.

King

O apoio americano à Grã-Bretanha, equivalente a uma declaração de fato de guerra contra a Alemanha nazista e o Eixo, mesmo antes de Pearl Harbor, permitiu aos ingleses permanecerem na guerra. Sem as armas, suprimentos e material enviados através do Atlântico para a Inglaterra, Hitler talvez pudesse ter compelido o governo de Winston Churchill a aceitar a paz e deixar o continente para seus senhores nazistas. Winston Churchill resumiu essa situação quando declarou "a única coisa que realmente me assustou durante a guerra foi o perigo do submarino". (Williamson, 2007, 4).

Assim, a principal resposta da Alemanha nazista aos intermináveis comboios que cruzavam o Atlântico para apoiar seus inimigos britânicos estava em sua frota de submarinos. Os alemães, curiosamente, nunca desenvolveram uma frota de porta-aviões. O Kriegsmarine começou a construção de dois, o Graf Zeppelin e o Peter Strasser, mas não concluiu nenhum. Dois outros nunca alcançaram qualquer realidade além dos projetos, enquanto a conversão de um cruzador no porta-aviões Weser começou, mas não foi concluída.

Exceto em casos ocasionais, quando as circunstâncias permitiram que eles produzissem uma devastação incomum entre os comboios, os submarinos da Kriegsmarine nunca reuniram força suficiente para parar totalmente os comboios do Atlântico. O advento dos navios da liberdade tornou este evento ainda menos provável, dados seus números e velocidade relativamente alta. No entanto, os submarinos da Alemanha cobraram um pedágio de transporte, material e vidas que os Aliados consideraram cada vez mais inaceitável à medida que a contagem aumentava.

Submarinos e táticas dos lados

A guerra de submarinos ocorrida na Segunda Guerra Mundial teve pouca semelhança com a implantação de submarinos nucleares no final do século 20 e no século

21. Submarinos de todas as nações operavam com motores a diesel, e não com usinas nucleares, exigindo ar para funcionar. Para a maioria dos cruzeiros de longa distância, os submarinos da Segunda Guerra Mundial operavam na superfície. A tentativa de ligar o motor a diesel embaixo d'água sugou o ar dos aposentos, potencialmente asfixiando a tripulação se funcionasse por muito tempo.

Para operações subaquáticas, os submarinos carregavam pilhas de grandes células de bateria. Estes detinham uma carga limitada, no entanto; um capitão pode escolher se mover rapidamente, mas descarregar as baterias em um breve período, ou rastejar ou permanecer imóvel e ter energia por 16-20 horas de operação. As táticas de submarino geralmente envolviam mover-se na superfície até que os alvos aparecessem, fechando na profundidade do periscópio, lançando torpedos e, em seguida, escapando debaixo d'água ou, mais frequentemente, vagando silenciosamente e esperando evitar o contra-ataque feroz de torpedos até que os navios de superfície desistissem e se movessem longe.

Um submarino pode permanecer debaixo d'água por longos períodos, mas não por um tempo ilimitado. Calor, dióxido de carbono, umidade e fumaça das baterias aumentaram continuamente até que as condições se tornaram insuportáveis, e depois inabitáveis. A tripulação de um submarino americano no Pacífico estabeleceu um recorde ao permanecer debaixo d'água por 63 horas e quase morreu de exaustão pelo calor. Outras tripulações cujos submarinos desapareceram provavelmente morreram uma morte torturante quando esperaram muito tempo e não puderam emergir devido a energias esgotadas ou danos de batalha.

Os submarinos operavam principalmente contra navios de superfície, em vez de outros submarinos por sua própria natureza. Os navios de superfície, por sua vez, possuíam um arsenal de armas adequado para caçar submarinos, ou pelo menos tentar afundá-los em represália após um ataque.

A guerra anti-submarina permaneceu extremamente primitiva e ineficaz durante a Primeira Guerra Mundial. Na falta de tecnologia de sonar, apenas avistamentos visuais de um periscópio ou de um submarino na superfície avisaram da proximidade do navio. Embora torpedos tenham se desenvolvido mais tarde na guerra, derrubar essas cortinas produziu poucos sucessos.

Os navios contavam com o perigoso método de tentar abalroar se avistassem o submarino na superfície antes de disparar. Embora mais eficaz do que se poderia supor - aproximadamente metade das tripulações de U-boat abandonou um determinado ataque após uma tentativa de abalroamento de sua vítima - os U-boats alemães afundaram 11 milhões de toneladas de navios durante a guerra a um custo muito baixo para eles. Os britânicos se viram levados a medidas que poderiam parecer risíveis, exceto pelo desamparo e pelo terror que os motivava, como relatou o aspirante britânico Stanley M. Woodward: "O boom foi patrulhado à noite por dois barcos de piquete armados com canhões de três libras e Maxims [metralhadoras]. O oficial sênior do HMS Exmouth não achou que isso fosse suficiente e ordenou que cada barco embarcasse dois grandes ferreiros, armados com martelos de açoite, para ficar de pé, um de cada lado do timoneiro. Em um periscópio sendo avistado, o barco deveria furtar silenciosamente ao lado dele, e o ferreiro mais próximo deveria dar-lhe uma força com seu martelo! " (McKee, 1993, 48)

A Segunda Guerra Mundial testemunhou inúmeras melhorias tanto para os caçadores quanto para os caçados, embora a balança pesasse cada vez mais contra os submarinos à medida que a guerra continuava. Uma das invenções anti-submarinas mais importantes consistia em "ASDIC," ou "Divisão Anti-Submarina" mais "supersônicos," um dos primeiros codinomes para sonar. Este dispositivo de sonar foi testado pela primeira vez no início da década de 1920 e estava em uso constante durante a Segunda Guerra Mundial.

**Um display ASDIC durante a Segunda Guerra
Mundial**

Uma das peculiaridades do ASDIC consistia em um

ponto cego bastante grande diretamente sob o navio que transportava o sensor. Consequentemente, um contratorpedeiro com mais torpedos poderia mirar em um submarino subaquático até que ele se aproximasse; então o submarino desaparecia dos sensores. Um jogo letal de gato e rato se desenvolveu enquanto o submarino tentava permanecer quieto e a tripulação do destróier tentava adivinhar sua localização e profundidade, e lançar torpedos de acordo.

Às vezes, submarinos à espreita suportavam horas de bombardeio ensurdecedor e aterrorizante com grandes cargas. O comandante do submarino Herbert A. Werner descreveu as condições de pesadelo a bordo de um submarino sob horas de ataque: "Salpicos distintos na superfície anunciaram a próxima propagação. Uma série de 24 cargas detonadas em rápida sucessão. […] Uma nova propagação nos ensurdeceu e nos tirou o fôlego. […] O aço bateu e guinchou e as válvulas foram lançadas na posição aberta. [...] O novo grupo lançou seu primeiro ataque, depois outro e outro. [...] Nossos nervos tremiam. Nossos corpos estavam rígidos de estresse, frio e medo. [...] O diabo parecia estar batendo em nosso casco de aço. " (Werner, 2002, 124-125).

Em alguns casos, o submarino resistia.Em outros, os danos da carga de profundidade forçaram-no a emergir, onde a tripulação normalmente se rendia - ou as explosões forçavam o navio a fisicamente emergir para a superfície do oceano. Em outros casos, o submarino sofria danos permanentes e fatais. O casco pode se romper, afogando a tripulação, ou pode implodir, fazendo com que o submarino afunde abaixo de sua profundidade esmagadora e amasse sobre si mesmo, matando os homens a bordo com uma mistura de afogamento e esmagamento da pressão da água.

Werner também descreveu o incrível alívio de emergir depois de sobreviver a um ataque nas profundezas: "O U-230 entrou em ação e ganhou vida. [...] Ao nosso redor se espalha a beleza infinita da noite, do céu e do oceano. As estrelas brilhavam intensamente e o mar respirava suavemente. O momento de renascimento foi avassalador. Um minuto atrás, não podíamos acreditar que estávamos vivos; agora não podíamos acreditar que a morte mantivera seu dedo sobre nós por 35 horas horríveis. " (Werner, 2002, 124-125).

Melhorias posteriores nas medidas anti-submarinas incluíram a argamassa anti-submarina Hedgehog. Montado no convés de proa do navio, o Hedgehog lançou bombas contra submarinos até 250 jardas à frente do navio, permitindo que o navio abrisse fogo antes que o submarino entrasse no ponto cego da ASDIC. As estatísticas sugerem que o Hedgehog provou ser 10 vezes mais provável de matar em comparação com demais ataques de profundidade padrão. Mais tarde, os americanos desenvolveram a arma anti-submarina Mousetrap com propulsão de foguete.

O posterior desenvolvimento alemão de uma extensa gama de submarinos anões representou, até certo ponto, uma resposta ao ASDIC. O sonar da época simplesmente não conseguia captar objetos menores que 12 ou 15 metros de comprimento, o que significa que os submarinos anões gozavam da "invisibilidade" do ASDIC, apesar de suas muitas desvantagens.

`O projeto do submarino alemão espelhou o da engenharia Panzer, com execuções de produção relativamente pequenas de numerosas variantes dominando a cena. Enquanto a produção aliada se concentrava na construção de muitas instâncias de alguns projetos adequados, os técnicos do Terceiro Reich criavam constantemente veículos experimentais e variações nos projetos existentes. Embora fascinante para os historiadores militares, essa prática impediu os esforços para produzir em massa um grande número até dos melhores designs.

O burro de carga do Kriegsmarine, o U-boat Tipo VII, representava uma embarcação média em grande parte obsoleta em 1943. Além de quatro variantes principais - VIIA, VIIB, VIIC e VIID - os alemães também construíram o Tipo VII em camada de minério e sete versões diferentes de "flak boat". As principais vantagens do Type VII incluíam excelente velocidade e a capacidade de mergulhar bem abaixo da profundidade de serviço publicada, compensada por um interior minúsculo e apertado. O Tipo VII também mergulhou muito rapidamente, o que permitiu uma fuga rápida de ataques inesperados, mas às vezes era tão rápido que o pessoal no convés morria afogado durante o mergulho.

U-boat Tipo VII A

O Tipo IX representava o segundo U-boat mais comum construído - um submarino maior e de mergulho mais lento, cujas vantagens incluíam uma excelente navegação mesmo no clima mais violento, bastante espaço interno e maior alcance entre paradas de reabastecimento do que o

Tipo VII aguentava. Mais uma vez os alemães produziram uma série de variantes, algumas das quais fabricaram apenas um exemplar, como: IXA, IXB, IXC, IXC / 40, IXD1, IXD2 e IXD2 / 42, além de uma variante de carga.

A especializada tipo XIV "Milchkuh", ou "milch [ou seja, leite] de vaca" forneceu reabastecimento para os outros tipos de barcos. Transportava 400 toneladas de combustível, mais alimentos, quatro torpedos de substituição e uma padaria (Williamson, 2005, 52). O Tipo X, outro especialista, colocou minas (geralmente ineficazes em comparação com todas as outras armas anti-navio).

Nos estágios finais da guerra, os alemães introduziram o Tipo XXI, um avançado submarino a diesel projetado para combater as novas medidas de guerra anti-submarinos dos Aliados. Este grande submarino ostentava 6 tubos de torpedo de arco no lugar dos quatro usuais e um interior espaçoso. Sua característica mais importante consistia em um snorkel, no entanto. Este dispositivo permitiu que o submarino executasse seu motor diesel enquanto estava submerso, sugando ar através do snorkel projetado. Isso eliminou a maior parte do perfil de radar de superfície do submarino, permitindo um rápido movimento na energia diesel, enquanto deixava em exposição a embarcação muito menos à detecção de aeronaves e destruidores.

Um submarino Tipo XXI

O Tipo XXIII apresentou as características de um Tipo XXI menor, com mergulhos mais rápidos e capacidade de operar em águas costeiras mais rasas. Com efeito, o Tipo XXIII ficou para o XXI como o Tipo VII fez o Tipo IX.

Enquanto isso, a frota de submarinos britânicos consistia principalmente de três classes, usadas durante o período de guerra: a classe S, a classe T e a classe U. A classe S representava o submarino mais numeroso no serviço da Marinha Real em tempo de guerra. Em uma troca de design, os britânicos optaram por uma proa expandida, que permitiu a montagem de 6 tubos de torpedo, mas impediu que a classe S mergulhasse tão profundamente quanto os submarinos alemães devido à sua relativa fraqueza estrutural contra a pressão da água (McCartney, 2008, 5).

O submarino classe T representou um excelente design com alta confiabilidade combinado com uma matriz dianteira extremamente poderosa de 10 tubos de torpedo montados em arco. O radar montado classe T como padrão, dando-lhes superioridade sensorial para o seu tempo. Submarinos classe T eventualmente afundaram um submarino confirmado do 6 Axis, um notável sucesso considerando a raridade das batalhas sub-contra-sub.

Os britânicos também fizeram pequenos submarinos da classe U. Estas naves se mostraram bem sucedidas apesar de serem bastante lentas – em parte devido aos 6 tubos de torpedo na posição do arco. A ênfase britânica no poder de fogo em scus submarinos em detrimento de outras características continuou neste projeto idiossincrático. Devido ao pequeno tamanho da classe U e ao grande peso de seis torpedos carregados, disparar uma propagação completa geralmente resultava no navio classe U explodindo na superfície do oceano como uma rolha, pelo menos até que as mudanças de design retificaram este problema.

Como essa peculiaridade sugere, os submarinos britânicos também assumiram um papel ofensivo durante o início da guerra e nos períodos operacionais subsequentes. Devido ao menor número de navios mercantes do Eixo, navios de superfície e corredores de bloqueio graças ao controle do Terceiro Reich dos recursos do continente europeu, essas operações permaneceram menos extensas do que as ações dos submarinos.

Ambos os lados também fizeram uso de submarinos anão. Os alemães, fiéis ao seu padrão de design, fizeram cerca de uma dúzia de anões diferentes, enquanto os britânicos se concentraram em um único tipo, o classe X. Embora muitas vezes negligenciados, os anões também apareceram ao redor das periferias de muitas operações importantes, como o naufrágio do Tirpitz e os desembarques do Dia D.

Um submarino anão classe X, fotografia de Geni

Enquanto submarinos anão japoneses e torpedos suicidas no teatro do Pacífico mantêm a fama mais histórica, os Aliados e o Eixo ambos implantaram submarinos anãos no teatro atlântico. Típico dos alemães, a Kriegsmarine desenvolveu uma infinidade de navios experimentais e subtipos, muitos deles produzidos às pressas e com poucos testes à medida que as fortunas da guerra se deslocavam contra o Terceiro Reich.

Um dos artifícios mais medonhos do ponto de vista dos homens selecionados para pilotá-lo consistia do Ncgcr, ou "Negro", um torpedo tripulado ou sub-anão minimalista comissionado em 1943 e implantado pela primeira vez em Anzio em março de 1944.A designação do Neger derivava de um trocadilho com o nome do designer, Richard Mohr, cujo sobrenome significava "Moor", um termo originalmente referente aos mauritanos, mas mais tarde aplicado a todas as pessoas de cor.

Um Neger

O Neger consistia de um tubo de metal de 25 pés de comprimento e 21 polegadas de diâmetro, contendo principalmente um motor e combustível. O piloto espremido em um pequeno cockpit semelhante a um caiaque perto da extremidade dianteira, coberto por uma cúpula de acrílico apertada; fotos de sobreviventes indicam que a cabeça do piloto quase tocou o topo desta cobertura. Suportes sob o Neger seguravam um torpedo

G7e com uma ogiva de 616 libras.

O conceito do anão envolvia cruzar a superfície a menos de 5 milhas por hora até que ao alcance de uma nave inimiga, em seguida, alinhando o Neger e seu torpedo sub-lançado. Puxando uma alavanca, em seguida, simultaneamente soltou os suportes e iniciou o motor torpedo, enviando a artilharia em direção ao alvo enquanto o Neger se virou para fazer sua fuga.

Na prática, o Neger geralmente apresentava mais uma ameaça ao corajoso operador do que ao inimigo. A necessidade de operar na superfície e a velocidade extremamente lenta significava que o equipamento funcionava melhor em um mar calmo à luz do dia – precisamente as condições em que as equipes aliadas poderiam mais facilmente detectar a embarcação em movimento lento e destruí-las com armas de convés ou até mesmo fogo de armas de pequeno porte. Além disso, mesmo movendo-se a pouco menos de 5 mph, uma lavagem considerável passou sobre a cúpula de acrílico, cegando parcialmente o operador.

Além disso, a alavanca às vezes não conseguiu separar os suportes no torpedo sub-lançado. Nestes casos, quando o motor do G7e começou, ele carregava o Neger e seu ocupante azarado em uma viagem de ida até o casco do navio alvo, transformando o anão em um torpedo suicida não intencional. Uma vez que uma tripulação fugia da cúpula de acrílico no local do lançamento, escapar do equipamento antes da detonação poderia ser impossível. Mesmo que o piloto tivesse conseguido atravessar a cúpula, isso o deixava sozinho na água em meio a navios hostis.

A primeira implantação de Negers em Anzio testemunhou 37 torpedos tripulados lançados de tapetes de fibra colocados na praia. 14 imediatamente afundaram na lama inferior, os alemães mais tarde os destruíram em tentativas de reflutuar o submarino, tentativas estas que falharam. Dos 23 restantes, quatro afundaram devido a falhas mecânicas, os marinheiros aliados destruíram quatro com armas de convés, e dois caíram nas mãos dos Aliados, com seus pilotos feitos prisioneiros. No entanto, os Negers realmente afundaram alguns navios aliados; os 13 restantes conseguiram afundar um cargueiro leve e duas lanchas de patrulha.

Os homens capturados incluíam Walter Schulz e Gunther Kuschke. Os americanos inicialmente identificaram os Negers como torpedos, mas eles posteriormente perceberam seu caráter tripulado imediatamente uma vez que vigias e equipes de armas notaram as cúpulas de acrílico. O capitão da USN J.W. Barr descreveu a destruição do Neger de Gunther Kuschke e a captura do alemão que se seguiu: "Os de 40mm e 20mm [canhões] registraram vários golpes nesta corrida e o torpedo mergulhou abruptamente. Viramos à esquerda e começamos uma busca sonora, mas logo vimos um objeto se arrasar. Presumimos que fosse o torpedo e abrimos fogo novamente com os torpedos de 40 mm. Quando fechamos, o objeto começou a balançar os braços e sabíamos que era o operador." (Paterson, 2006, 23).

Muitos pilotos de torpedos tripulados e anões pertenciam à SS Waffen, e surpreendentemente, os projetos permaneceram desconhecidos do comando Kriegsmarine. A Waffen SS enviou homens sob pena de morte para servir no "K-Verband", ou unidades de torpedos e anões, com o entendimento de que tal serviço forneceu um perdão total e uma "ficha limpa" se sobrevivessem. Os homens que atacaram os navios em Anzio, no entanto, eram simplesmente voluntários marinheiros corajosos que pilotavam a embarcação por razões comuns de patriotismo e profissionalismo.

O maior sucesso do projeto Neger, embora um que teve um efeito trivial na guerra em geral, ocorreu em julho de 1944, quando uma força mista de e-boats de superfície alemã e 26 Negers atacaram vários comboios fechando tropas extras para a cabeça de praia na Normandia. Na noite de 5 de julho para 6 de julho , este enxame de torpedos tripulados afundou dois varredores de minas, o HMS Magic e o Cato. Eles também destruíram a fragata de classe HMS Trollope, como o engenheiro-chefe do navio relacionado, embora ele não soubesse que o torpedo letal veio de um Neger pilotado pelo marinheiro Walther Gerhold em vez de um E-boat: "Por volta de 1 da manhã começamos a disparar projéteis estelares em uma flotilha de e-boats saindo de Le Havre. Estávamos em uma área onde pudemos viajar não mais do que 4 nós por causa do perigo das minas de ostras. A uma distância de 5 km, os e-boats dispararam contra nós e um de seus torpedos nos atingiu no meio dos navios. Fui arremessado da ponte voadora para a água e na luz da lua fraca viu o navio quebrando ao meio." (Collingwood, 1999, 113).

Na noite seguinte, 21 Negers atacaram novamente, afundando HMS Pylades, um varredor de minas, e infligindo danos suficientes no Dragão ORP , um cruzador que hasteia a bandeira da Polônia, para forçar o afundamento do navio. No entanto, nenhum dos pilotos neger chegou a Le Havre vivo após esta incursão, uma vez que o luar brilhante permitiu que navios e aeronaves aliadas caçassem os submarinos e afundassem todos eles. Ataques contínuos ao transporte marítimo da Normandia, incluindo um implantando 56 Negers e Marders (um projeto neger melhorado capaz de mergulhar por curtos períodos durante a corrida de aproximação), afundou mais seis navios, incluindo dois destróiers, até julho e início de agosto de 1944.

Além do Neger, a Alemanha nazista desenvolveu uma profusão de outros tipos de torpedos tripulados e submarinos anãos. Muitos projetos provaram ser fracassos, mas alguns viram ação e sucessos ocasionais. Devido à experimentação constante, no entanto, a Kriegsmarine espalhou seus recursos muito finos. Vários excelentes subprojetos anões receberam apenas modestas corridas de produção por causa da quantidade de dinheiro, força de trabalho e material desviado para o labirinto sempre ramificado de projetos paralelos.

O Marder representava uma espécie de "Neger Mark II", apresentando muito o mesmo design com um pequeno tanque de mergulho adicionado para permitir o mergulho brevemente sob as ondas até uma profundidade de 75 pés. O Hai levou o projeto Marder mais longe, adicionando um casco central estendido para um motor maior capaz de funcionar mais rápido e produzir um maior alcance operacional.

Um submarino Marder, fotografado por Billy Hill no Museu de História Militar de Bundeswehr Dresden

Outros modelos se proliferaram. Por exemplo, o Hecht representava um submarino anão com uma manobrabilidade tão ruim que nunca viu ação, em vez de servir apenas como um navio de treinamento, enquanto o Molch, novamente usando um torpedo modificado, mergulhou a 120 pés com uma profundidade de esmagamento de 200 pés, mas também não tinha agilidade e sofreu pesadas perdas em ação enquanto não afundava navios. O Manta, um mini-submarino catamarã de dois cascos, rodas montadas para lançamento e recuperação, e o Schwertwal (duas versões) apresentavam uma simplificação extrema tornando possíveis velocidades subaquáticas de 37 milhas por hora. O Delphin (duas variantes) usou a simplificação de teardrop para alcançar velocidades ligeiramente mais altas, e várias outras versões com apenas números do Tipo representavam tentativas de espremer o design de submarinos de tamanho completo para dimensões anão. Dois outros projetos viram produção e uso reais relativamente frequentes – o Biber (Castor) e o Seehund ("Seal", literalmente "Sea Hound"). Destes dois, o Seehund provou ser o ofício superior, mas entrou na guerra tarde demais para realizar todo o seu potencial.

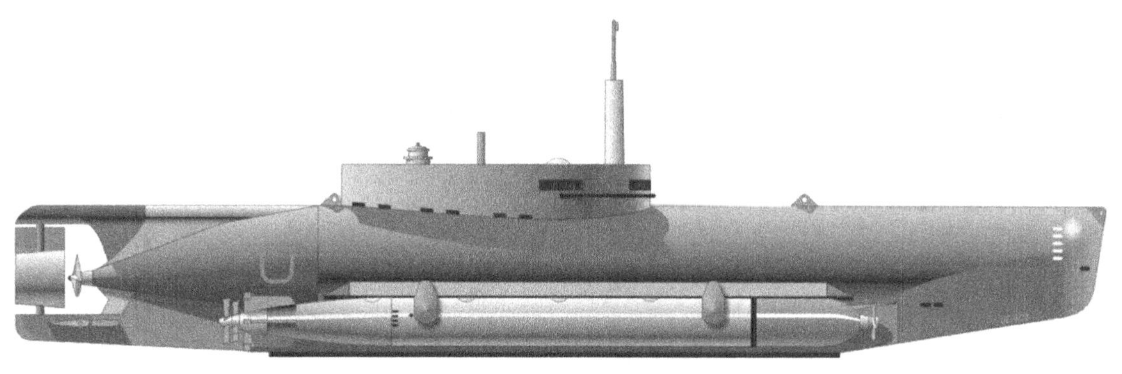

Uma ilustração do Seehund, por Uwe Ernst

O Biber, um equipamento de um homem só que se assemelha a uma rendição toco, quase cartunesco de um submarino de tamanho real, mediu 29 pés de comprimento e incluiu uma torre de comando em miniatura em vez de uma cúpula de acrílico. O Biber carregava dois torpedos G7e como carga padrão, entrelaçados em recuos escalopados nos flancos inferiores do casco. Com os torpedos enormes no lugar, o Biber parecia algo como meio pão de cachorro-quente entre dois cachorros-quentes de aço grossos.

Os alemães basearam muitos Bibers na bacia de Fecamp, embora eles tenham conseguido pouco além de sofrer aproximadamente 65% de baixas por mau tempo e ataques aéreos aliados. Em 27 de dezembro de 1944, um incidente em Hellevoitsluis no Canal de Voorneschen demonstrou que o design desses anões, combinado com o treinamento escasso de suas equipes, apresentava outro tipo de perigo. Vários rebocadores rebocaram 14 Bibers em posição para lançar um ataque contra o transporte marítimo inglês. Um dos pilotos biber – descrito pithily no relatório alemão como algum idiota - acidentalmente disparou um torpedo, que ricocheteou ao redor da bacia, saltando das paredes do mar e da fechadura antes de correr para cima da costa e explodir. A explosão enviou uma onda de 1 metro de altura através da bacia, esmagando todos os Bibers contra o paredão. Todas as escotilhas estavam abertas em prontidão para os pilotos, permitindo que a água inundasse os anões e afundasse a maioria deles.

O impacto dos Bibers colidindo uns com os outros

lançou um segundo torpedo de um submarino desocupado. Este torpedo atravessou a bacia e pegou em um dos rebocadores, enviando-o para o fundo e matando cinco da tripulação, mais um piloto Biber. Onze dos 14 Bibers afundaram, embora os últimos três tenham sido lançados contra o transporte aliado. Dois desapareceram completamente, enquanto os britânicos se recuperaram no terceiro vários dias depois, à deriva com seu piloto morto por envenenamento por monóxido de carbono – possivelmente devido a danos não detectados do equipamento infligidos durante o acidente em Hellevoitsluis.

Um Biber, por lokilech

A Kriegsmarine também tentou usar Bibers em um papel ribeirinho. Um grupo testemunhou em janeiro de 1945 um destacamento dos anões tentar a destruição de uma ponte crítica em Nijmegen, abrangendo o rio Waal, levando a outro fracasso retumbante: "Vinte Bibers disparando torpedos equipados com ganchos foram para limpar quaisquer obstruções restantes, seguido por quatro Bibers rebocando troncos de árvores dos quais minas de três toneladas foram suspensas. De acordo com os relatórios de ação e interrogatório da Allied, um Biber foi destruído por fogo de artilharia e outros sete encalharam. A ponte da estrada não foi danificada. (Prenatt, 2014, 26).

O Seehund de 39 metros de comprimento, com uma tripulação de dois homens, se inspirou em submarinos britânicos de classe X capturados. Um verdadeiro anão, o Seehund incorporou muitas características de um submarino de tamanho real reduzido a um casco compacto e uma tripulação de apenas dois indivíduos. Enquanto a maioria dos outros projetos alemães incluía apenas um motor elétrico ou, em alguns casos, um motor a gasolina perigosamente explosivo, mas relativamente silencioso, o Seehund continha tanto um motor diesel para operações de superfície quanto um motor elétrico para o movimento subaquático, precisamente como um submarino normal.

O Seehund só entrou em produção em 1944, apesar da priorização de Albert Speer. Embora a Kriegsmarine tenha planejado a construção de 1.000 navios, apenas 285 saíram das linhas de produção antes da rendição da Alemanha.

A primeira ação do Seehund contra navios britânicos

mostrou-se ignominiosa. Em 2 de janeiro de 1945 o destroier HMS Cowdray avistou U-5318, tripulado por Werner Hertlein e Rolf Heinze, sentado na superfície do oceano e atacado com suas armas de convés. Embora o Seehund tentasse fugir, os projéteis do destruidor quebraram seu casco e ele afundou. Hertlein e Heinze sobreviveram ilesos, saltando para a água da torre de comando em miniatura e logo resgatados pelos britânicos.

Pior seguido como o tempo violento devastou os grupos iniciais de Seehunds, resultando na perda de 16 das 18 máquinas lançadas contra os britânicos no início de 1945. Apesar das esperanças exageradas de Hitler de afundar 100.000 toneladas de navios trazendo suprimentos aliados para Antuérpia, o primeiro grupo de Seehunds afundou apenas um navio, um arrastão de 324 toneladas. Depois disso, o K-Verband tentou limitar o uso de Seehund a tempo justo com mares baixos.

Mais de uma dúzia de operações seehund se seguiram, mas o sucesso se mostrou extremamente limitado e algumas incursões resultaram em altas perdas. O U-5330, tripulado por Klaus Sparbrodt e Gunter Jahnke, conseguiu um dos sucessos mais espetaculares da classe anão em 24 de janeiro de 1945 , perto da costa inglesa. Depois de deitar no fundo para evitar o aviso de patrulhar barcos armados, o submarino e sua tripulação de dois homens vieram à tona em uma bela manhã, como Sparbrodt descreveu mais tarde: "O mar era parecido com um espelho – estado do mar 0. [...] Uma pequena neblina pairava sobre a água e patrulhamos para cima e para baixo em baixa velocidade. Um pouco depois das 10h [...] Eu vi o que parecia um vaso deitado parado [...] Às 10h20 mergulhamos e começamos nosso ataque. [...] Eu ordenei "Torpedo - fogo!" e Jahnke puxou a alavanca. Ouvimos um barulho vindo do casco do barco enquanto a Enguia acelerou em seu caminho. [...] Vi uma coluna de água e fumaça da explosão subindo no meio do caminho entre a ponte e o funil. [...] Vimos o último do navio como seu arco levantou alto e ela rapidamente deslizou popa primeiro para o mar. (Paterson, 2006, 192).

Os homens afundaram La Combattante, um destroier francês livre, matando 62 da tripulação. Embora os torpedos interrompessem seu renascimento comemorativo de frango, arroz e morangos, os dois jovens kriegsmarine conseguiram enganar seus oponentes e retornaram em segurança para sua base.

No entanto, tais vitórias iludiram a maioria das máquinas e suas tripulações nos dias finais da guerra. Embora um punhado de outros navios tenham sofrido danos ou destruição de torpedos Seehund ou Biber, os naufrágios mostraram-se muito pouco frequentes para dificultar ligeiramente o fluxo maciço de soldados, materiel e suprimentos para a Europa Ocidental durante 1944 e

1945.

Apesar da falta de sucesso, a Kriegsmarine continuou colocando recursos no programa de submarinos anão devido à velocidade de produção em comparação com os submarinos regulares e as tripulações de dois homens necessárias para operar os navios, o que teoricamente aumentou o número de submarinos disponíveis mesmo com uma piscina de recrutamento em declínio.

No entanto, a moral permaneceu alta no K-Verband praticamente até o fim da guerra. A maioria dos homens, extremamente jovens, veio de uma formação educacional altamente militarizada, simplesmente aceitando cumprir seu dever sem sequer pensar em questioná-lo. Muitos gostavam de usar os pequenos submarinos, apesar das condições apertadas e desconfortáveis a bordo, quase da mesma forma que alguns gostam de lanchas ou veículos off-road. Além disso, a Kriegsmarine isentou esses homens de praticamente todas as tarefas não submarinas, forneceu-lhes alimentos de qualidade superior, abrigava-os tão confortavelmente quanto o desastre que ultrapassava o Terceiro Reich, e lhes dava períodos de licença frequentes.

Seehunds operavam nos rios Danúbio, Reno e Oder, frequentemente mirando pontes, nos últimos meses da guerra. A nave conseguiu destruir algumas pontes, mas não conseguiu impedir que o juggernaut soviético rolasse pelo leste ou a maré anglo-americana varrendo do oeste. Os registros dessas operações permanecem fragmentários devido ao caos na dissolução do Terceiro Reich militar na época.

As unidades K-Verband baseadas na Escandinávia renderam-se por último, da mesma forma que as unidades de submarinos de tamanho real. Devido à sua capacidade de evitar Asdic (sonar) graças ao seu pequeno tamanho, alguns comandantes aliados expressaram alívio pelos alemães não conseguirem desenvolver os Seehunds mais cedo. Os franceses tomaram quatro Seehunds como parte de suas reparações de guerra e os operaram por algum tempo após a guerra, até que o advento do submarino nuclear eliminou todos os projetos menos eficientes do mar.

Por sua vez, os submarinos anão britânicos viram menos ação do que seus homólogos do Terceiro Reich, mas ainda serviram a um propósito útil na guerra. Devido aos seus pequenos números combinados com a ousadia das missões que realizaram, os homens que serviram a bordo deles receberam mais condecorações proporcionalmente do que qualquer outro ramo do serviço.

Os britânicos usaram submarinos anão no Atlântico, Mediterrâneo e Adriático durante a Segunda Guerra

Mundial, até enviando alguns para o Pacífico em apoio à Austrália. Estes submarinos da classe X, muitas vezes chamados de nave X, tinham 51 pés de comprimento, consideravelmente maiores do que muitos projetos de anão alemães. Cada um carregava uma tripulação de quatro e um armamento padrão de duas 4.400 cargas explosivas Amatol.

As cargas transportadas indicam a doutrina submarina anão muito diferente adotada pelos britânicos em relação aos alemães. Os alemães imaginavam seus submarinos anãos como caçadores-assassinos armados com torpedos, caçando alvos de oportunidades. Os britânicos significavam que sua nave X se aproximava furtivamente de alvos específicos e ancorados de navios de guerra, colocava as cargas diretamente abaixo do casco, e então recuava antes que os torpedos detonassem, com sorte rompendo o navio ao longo da quilha e afundando-o.

Ao contrário dos anões alemães remendados antes do Seehund, o anão da classe X provou ser um navio sólido e operário, como o Comandante Richard Compton-Hull descreveu: "A coisa toda, fora da água, parecia uma caldeira ferroviária antiquada. Na verdade, ser nomeado para comandar um anão foi como receber um trem de brinquedo para o Natal. Era um submarino perfeito em miniatura. [...] O motor diesel de 42 cavalos que conduzia a nave na superfície e recarregava a bateria era o mesmo que o montado em um omnibus londrino e era confiável. Simplicidade e robustez foram as palavras-chave." (Howard, 2006, 31-33).

Os anões da classe X, construídos principalmente pela Vickers-Armstrong Ltd., também apresentavam um método de implantação diferente. Enquanto os alemães frequentemente lançavam seus anões de bacias navais ou estuários de rios, deixando a pequena embarcação para atravessar extensões de oceano aberto antes de atingir seus alvos, submarinos maiores geralmente rebocavam os submarinos da classe X perto de seus alvos.

Só quando muito perto a tripulação da nave X se transferiu para seu anão de barco e fez o resto da viagem sob seu próprio poder. Isso reduziu consideravelmente as perdas para mau tempo ou erros de navegação em comparação com o K-Verband alemão.

A expedição mais famosa por anões da classe X ocorreu em 1943 contra o encouraçado KMS Tirpitz. Um gigante de 43.000 toneladas semelhante ao famoso KMS Bismarck, o Tirpitz espreitava nos fiordes escandinavos, um lugar que os britânicos acreditavam ser imune tanto ao ataque aéreo quanto aos ataques de superfície. O governo britânico via isso como uma ameaça aos comboios, desde que permanecesse na superfície. O primeiro-ministro Winston Churchill se referiu a ela como "a Besta".

O *Tirpitz*

Um plano para afundar o Tirpitz usando cargas entregues por seis X-craft – X5, X6, X7, X8, X9 e X10 – se uniram sob o nome de "Fonte de Operação" no outono de 1943. Meia dúzia de submarinos classe S e classe T partiram em 11 de setembro , cada um rebocando um dos submarinos anão. O estranho comboio passou dias navegando pelas águas do Ártico em direção aos fiordes do norte da Noruega. Ao longo do caminho, X9 se desprendeu e afundou, levando uma tripulação de trânsito de três homens para a morte na escuridão esmagadora das profundezas do oceano. Pouco depois, falhas mecânicas forçaram a parada do X8.

O reconhecimento aéreo e a Resistência Norueguesa permitiram que os britânicos identificassem o Tirpitz em Kaafjord, um membro do Altenfjord maior. Um membro da Resistência Norueguesa, Torstein Raaby, alugou uma casa com vista para Kaafjord, permitindo-lhe garantir que o Tirpitz permanecesse no lugar.

Os quatro anões remanescentes da classe X se separaram dos submarinos maiores em 20 de setembro e seguiram para o fiorde sob seu próprio poder. A pequena nave passou pelo boom antissubmarino na entrada do fiorde e passou ilesa por um campo minado antes de passar a noite espreitando perto de uma pequena ilha, carregando suas baterias. O tráfego de navios aumentou consideravelmente após o anoitecer, embora os navios comerciais se sentissem seguros o suficiente para navegar com luzes de corrida, dando às tripulações dos anões uma correção exata em sua localização para evitar avistamentos ou colisões.

Às 7h da manhã seguinte, o Tenente Donald Cameron, comandando x6, apelidado de Piker, viu os alemães levantando o boom na entrada de Kaafjord para admitir uma pequena nave patrulha costeira. Apesar da brilhante luz solar e da quietude espelhada da superfície do fiorde, ele imediatamente ordenou o Piker à superfície. A nave-X seguiu a montanha-russa alemã até o fiorde interno, depois seguiu em linha reta para o Tirpitz apenas duas milhas de distância, navegando até a entrada com confiança.

Os alemães avistaram X6 enquanto mergulhava sob seu

navio de guerra. Com considerável presença de espírito, os homens no convés imediatamente abriram fogo com metralhadoras, enquanto lançavam granadas e pequenos torpedos ao lado. Cameron ordenou que as minas de 4.400 libras caíssem enquanto o pequeno atacante deslizava sob sua pedreira gigante. A tripulação obedeceu, mas o súbito clareamento fez com que o X6 se levantasse violentamente, colidindo com a quilha de Tirpitz e sofrendo danos catastróficos.

Cameron e o resto da tripulação do X6 escaparam do naufrágio. Os alemães tiraram os ingleses da água e os fizeram prisioneiros. Ao mesmo tempo, X7 sob o comando do Tenente George Place entrou no fiorde deslizando ao longo do fundo lamacento sob as redes submarinas. Esta nave, apelidada não oficialmente de Pdinichthys, depositou suas cargas também, mas sofreu graves danos causados por balas de metralhadora alemãs. Forçado à superfície, o X7 sofreu mais buracos e a tripulação abandonou a embarcação, embora o disparo tenha matado dois deles.

Os alemães trouxeram seus prisioneiros britânicos a bordo do Tirpitz pouco antes dos ataques no fundo acabarem com eles. Cameron descreveu o que aconteceu a seguir: "Boom! Meus joelhos dobraram quando a explosão jogou o navio para fora da água.[...] Fui agarrado pelo guarda e empurrado pela porta para a luz do sol brilhante. Que mudança nesses poucos momentos! O navio começou a seguir rapidamente para o porto. O vapor correu dos canos quebrados. Marinheiros correram em todas as direções. O óleo fluiu do casco quebrado cobrindo a água do fiord. Homens feridos estavam sendo levados ao convés. (Peillard, 1984, 240).

Barcos alemães seguiam descontroladamente para cima e para baixo do fiorde, soltando balas sob as águas indiscriminadamente. X5 sob o comando do Tenente Henty Henty-Creer desapareceu, provavelmente destruído nas profundezas. Os alemães recuperaram uma confusão de destroços, mas nenhum cadáver, de um local perto da costa vários dias depois.

O X10, sob o comando do Tenente Ken Hudspeth, sofreu problemas mecânicos. A tripulação trouxe o X10 para descansar no fundo do mar fora de Kaafjord e passou horas tentando reparar o submarino anão. Quando ouviram as explosões, no entanto, eles consideraram corretamente que os alemães passariam horas atacando e suas chances de realizar qualquer coisa com uma máquina defeituosa se aproximavam de zero. Assim, Hudspeth ordenou que o X10 voltasse para o mar, lançando os dois torpedos para o modo "seguro". Os homens se reuniram com HMS Stubborn, que os recuperou, mas achou necessário içar o X10 durante uma viagem tempestuosa de volta à Escócia.

O Tirpitz não conseguiu afundar, e o casco mal rachou, mas o choque das cargas maciças destruiu grande parte das máquinas do motor da embarcação e causou o vazamento de seus bunkers de petróleo. Isso imobilizou o Tirpitz por 6 meses, até que os reparos foram concluídos em março de 1944, imediatamente antes de um bombardeio da Força Aérea Real afundar decisivamente o navio ancorado.

Os submarinos anão classe X continuaram a operar em números muito limitados durante a guerra. X24 afundou o Barenfels, um navio de munição, ao largo de Bergen em 1944. Durante os desembarques do Dia D em junho de 1944, dois anões, X-20 sob Ken Hudspeth e X-23 sob George Honor, serviram como navios marcadores para a invasão armada. Os submarinos minúsculos se moveram à frente da frota, então surgiram e levantaram mastros telescópicos equipados com luzes de marcador: "Nenhum som ou sinal perturbou o ar até que, do mar, veio um som latejante. [...] As forças de ataque estavam chegando. [...] Havia vinte, trinta, quarenta navios em uma coluna, estendendo-se para longe da vista. Havia tantas colunas se estendendo até a porta e estibordo. E depois havia os homens. [...] [Tenente Honra] podia ver alguns deles. Mais alguns poderiam vê-lo. A maioria deles provavelmente não sabia quem era X.23 ou o que ela estava fazendo, mas todos eles demonstraram ânimo."

(Warren, 1954, 241).

Operações Americanas no Atlântico

A Marinha dos EUA participou no Atlântico como combatente, mas enviou apenas alguns submarinos para aquele teatro. Ao todo, seis submarinos americanos, incluindo o famoso USS Barb (creditados com o naufrágio da maior tonelagem de navios japoneses durante a guerra) servidos no Atlântico, mas a Marinha transferiu todos esses navios para o Pacífico até meados de 1943, quando apenas submarinos americanos em trânsito de seus estaleiros para o Oceano Pacífico passaram por águas do Atlântico.

O USS *Barb*

O destacamento de submarinos americanos no Atlântico recebeu a designação esquadrão submarino 50, ou SubRon 50. Com sede em Rosneath, Escócia em um grupo de cabanas de Quonset sombrias, estes submarinos distantes tentaram interceptar submarinos Kriegsmarine, patrulharam os corredores de bloqueio do Eixo, e ajudaram os desembarques da Operação Tocha no norte da África. O USS Beaver (AS-5), um navio a vapor reaproveitado originalmente construído em 1910, serviu como concurso da SubRon 50.

O USS *Beaver*

Dirigíveis K, construídos pela Goodyear Aircraft Company e alimentados por um par de motores Pratt & Whitney ligados a hélices, mediam cerca de 250 pés de comprimento. Cruzando a 58 milhas por hora (embora frequentemente correspondendo à velocidade muito mais lenta de um comboio de superfície), esses dirigíveis inchados e prateados podiam chegar a 78 milhas por hora em uma emergência. Cada um carregava uma metralhadora calibre .50 para defesa, ao lado de um rack de bombas de 350 libras.

Embora os navios K não tivessem espaço suficiente em suas gôndolas para levar sobreviventes de ataques bem sucedidos de submarinos a bordo, eles ainda ofereciam ajuda útil a esses homens. Eles relataram a posição de botes salva-vidas ocupados ou marinheiros individuais capazes de recuperar esses sobreviventes, e carregavam suprimentos de comida e água que baixavam para os homens em botes salva-vidas, aumentando suas chances de sobrevivência acentuadamente.

Equipes entusiasmadas destes navios dos ares frequentemente relatavam que lançavam suas bombas sobre submarinos inimigos, muitas vezes notando com confiança que eles tinham identificado estes como alemães ou italianos com base em pistas conhecidas apenas por si mesmas. Independentemente de sua eficácia relativa, os zepelins forneceram um impulso moral único aos marinheiros aliados: "Os homens da marinha mercante [...] sabia que, como seus próprios navios, escoltas de superfície eram vulneráveis a ataques subaquáticos. O dirigível não estava. Os aviões, é claro, também não eram vulneráveis, mas eles vieram e foram com pressa [...] O dirigível ficou com o comboio, voando baixo e acelerando para trás para manter um ritmo lento. [...] Tripulações de aeronaves e tripulações de navios mercantes acenaram entre si, o dirigível olhando o tempo todo majestoso e esmagadoramente poderoso e reconfortante." (Vaeth, 1992, 68-69).

Na verdade, nenhum registro confirmado de um zeppelin

dos EUA afundando um submarino existe, embora a alegre e vigorosa queda de bombas provavelmente infligiu alguns danos menores não registrados ao longo de 4 anos de guerra. Outros tipos especializados, como o dirigível G, o L e o M se juntaram à lista à medida que a guerra progredia.

Além do dano que causaram, os dirigíveis avistaram muitos submarinos alemães, direcionando outros ativos mais rápidos para a área e frequentemente provocando uma retirada ou causando a morte ocasional. Estes zeppelins american Goodyear também afetaram a moral alemã; testemunhos posteriores de sobreviventes de submarinos sugerem que os bandos de submarinos hesitaram em se aproximar de um comboio sombreado pela forma brilhante e oblonga de um dirigível, cuja presença contínua sob medida vigilância insinuosa.

Os dirigíveis americanos alcançaram grande popularidade com as tripulações mercantes e capitães nos comboios do Atlântico, com a presença de um dirigível aumentando a sensação de segurança dos homens. O dirigível ofereceu um impulso psicológico nem destruidores nem aeronaves de asa fixa emuladas. Destruidores, movendo-se sobre a superfície, também poderiam ser afundados e, portanto, pareciam frágeis comparados com os modelos K com seu poleiro elevado no céu, totalmente imune a torpedos. Aeronaves regulares permaneceram por apenas alguns minutos, no máximo.

Por sua vez, as tripulações de dirigível frequentemente desenvolveram sentimentos altamente protetores em relação aos navios que escoltavam. O tenente-comandante James Cruse notou sua angústia quando os alemães afundaram um petroleiro que ele escolheu para proteção, após um retorno forçado à base devido ao combustível esgotado para as hélices do dirigível. Ele descreveu o navio como "um belo navio [...] recém-pintado, limpo e confiantemente arando seu caminho ao longo [...] Não pude deixar de admirá-la e estava determinado que nenhum alemão receberia este navio premiado enquanto eu estivesse por perto. Voei cobertura para ela o dia todo, mas ao anoitecer tive que voltar para Glynco [...] Na manhã seguinte, no Escritório de Operações do Esquadrão, olhei para o conselho. Listado era "meu navio", as letras de chamada KOZT, com a palavra SUNK ao lado dele. Fiquei chocado. Senti que tinha perdido um amigo (Vaeth, 1992, 69-70).

Apenas em uma ocasião um dos dirigíveis americanos possivelmente afundou um submarino, embora a visão dos dirigíveis assustou muitos possíveis atacantes, geralmente causando um mergulho de emergência quando eles apareceram à distância. Em 5 de maio de 1945, o U-853 de Helmut Fromsdorfer, um submarino tipo IXC equipado com snorkel, afundou SS Black Point na costa de Rhode

Island em um ousado ataque no final da guerra. Os dirigíveis K-16 e K-58 soltaram boias para rastrear o submarino, depois uma série de seis bombas. As naves de superfície também lançaram ataques pesados.

Alguns momentos depois que o último par de bombas foi lançado por dirigível, uma massa de destroços foi esguichada à superfície, incluindo fragmentos de madeira, coletes salva-vidas, um colchão e um chapéu de oficial da marinha alemã. U-853 afundou com todos, embora possa ter sido devido às bombas dos dirigíveis, dos navios de superfície, ou ambos, algo que não pode ser determinado até hoje.

O próprio Grande Almirante Karl Dönitz deu uma opinião sobre o efeito dos esquadrões de aeronaves americanas na guerra de submarinos do Atlântico: "É possível que um comandante de submarino, ao ver um 'dirigível' possa concluir que um comboio estava por perto. Por outro lado, havia também a possibilidade de que o 'dirigível' avistado estivesse apenas em patrulha. Mas mesmo que o comandante, ao ver o 'dirigível', supôs um comboio, isso seria apenas uma pequena desvantagem para o uso de um 'dirigível' já que iria dificultar a abordagem do submarino, no mínimo severamente ." (Vaeth, 1992, 172).

Dönitz

O papel dos dirigíveis americanos na guerra submarina permaneceu principalmente psicológico, do ponto de vista de ambos os lados. No entanto, mesmo a ameaça dissuasiva de um dirigível impediu seriamente as operações de submarinos, uma vez que os dirigíveis escoltaram nada menos que 70.000 navios aliados durante a guerra.

Um ingrediente final na contribuição americana para a guerra de submarinos do Atlântico consistia dos porta-aviões classe Bogue-, um sistema de armas anti-submarinos muito mais letal do que os dirigíveis, navios-L ou ZP. Feitos de navios mercantes modificados, esses pequenos porta-aviões apresentavam decks de 496 pés de comprimento e 111 pés de largura, com uma pequena ponte anexada para observação, navegação e comunicações.

Porta Aviões Bogue

Extraordinariamente, esses porta-aviões anti-submarinos atraíram energia de um par de caldeiras a vapor Foster Wheeler fornecendo uma velocidade de cruzeiro de 19 mph, em vez dos motores diesel usados em muitas outras classes de porta-aviões. Assim, os navios da classe Bogue permaneceram navios a vapor reais em uma era de navios movidos a petróleo. Cada porta-aviões apresentava uma ou duas catapultas e um complemento de aeronaves resistentes da Marinha: "O equipamento de catapulta e as máquinas estavam alojados no compartimento de carga número um. Configurada como um transporte de aeronaves, a classe BOGUE poderia acomodar 50 aeronaves no convés de voo e quarenta abaixo no convés do hangar. Para operações normais de voo , até 24 aeronaves poderiam ser manuseadas, normalmente dividindo doze caças F4F (FM) Wildcat e doze bombardeiros torpedos TBF (TBM) em um esquadrão composto." (Esquadrão/Sinal, 1996, 9).

Enquanto a Marinha enviou alguns porta-aviões da classe Bogue para o Pacífico, o epônima USS Bogue (originalmente Steel Advocate) mais USS Block Island, Card, Core, e Croatan permaneceram no Atlântico até a rendição da Alemanha, lutando contra os submarinos de Dönitz. USS Bogue e suas escoltas finalmente afundaram 13 submarinos, enquanto USS Card destruiu 8 submarinos axis. As equipes pintaram o contorno de um submarino com uma bandeira nazista sobreposta sobre ele sobre a superfície externa da ponte para cada morte confirmada de submarino. Tanto Bogue e Card receberam a Citação da Unidade Presidencial.

Um dos primeiros sucessos do USS Card mostrou os sucessos dramáticos que essas pequenas operadoras às vezes desfrutavam. Em 4 de outubro de 1943, um contato de radar mostrou um grupo de submarinos na superfície norte dos Açores. Wildcats e Vingadores gritaram no ar fora do convés de voo de madeira da Card e pegaram quatro submarinos alemães na superfície, três deles reabastecendo de uma quarta variante de "vaca milch". Soltando bombas sobre os submarinos que se dispersam rapidamente, a aeronave destruiu o U-460, deixando apenas dois sobreviventes. Pouco depois, os Vingadores lançaram torpedos acústicos Mark 24 Fido, afundando u-422 e matando toda a tripulação do submarino. Nenhum dos submarinos ainda tinha conseguido afundar quaisquer navios aliados.

Um mês depois, em 1de novembro, uma das escoltas do Card , o Clemson-destruidor de classes USS Borie, afundou o U-405 de Rolf-Heinrich Hopmann. Em uma ação dramática, Borie primeiro U-405 carregado de profundidade, danificando seu casco o suficiente para forçar o submarino a fugir na superfície. Borie perseguiu o submarino através de uma violenta tempestade, finalmente batendo no navio alemão e terminando-o com uma fusillade de pequenos disparos de armas soltos do convés do destruidor. O ataque de colisão infligiu danos fatais ao Borie também – o navio afundou com a perda de 27 mãos, enquanto 130 homens sobreviveram graças ao resgate de outros destruidores.

O USS *Borie*

Enquanto os porta-aviões classe Bogue-provaram seu valor na guerra antissubmarino, os alemães responderam agressivamente à sua presença. Wolf-Pack Borkum, um enxame de nada menos que 17 submarinos, lançou uma série implacável de ataques contra USS Card e suas escoltas durante a noite de 23 de dezembroa-24 de dezembro de 1943, 585 milhas a oeste de Finest Capeerre. U-415 chegou mais perto de afundar o porta-escolta à 1h43 da manhã quando lançou um trio de torpedos Card por apenas alguns metros.

Os submarinos Borkum persistiram em seus ataques por horas, torpedeando USS Leary e causando uma enorme explosão interna que matou 97 homens, incluindo o Comandante James Kyes. USS Schenck resgatou os 59 sobreviventes, afundando o U-648 à espreita pouco depois de se esquivar de um dos torpedos do submarino. U-415 afundou o destroier britânico HMS Furacão 18 horas depois como o grupo de tarefas Card e Wolf-Pack Borkum continuaram a perseguir uns aos outros sobre as extensões solitárias do Atlântico central.

Um ousado capitão de submarino, o nativo de Danzig, Detlev Krankenhagen, de 26 anos, infligiu a única perda de porta-escolta para um submarino que ocorreu no Atlântico, em 29 de maio de 1944. Krankenhagen - um indivíduo de aparência infantil, loiro com olhos profundos e intensos - e sua tripulação avistaram o Bogue-classe USS Block Island, tocado por uma tela de destruidores, navegando para oeste a sudoeste da Madeira sob um céu nublado com chuva frontal ocasional. U-549 passou pelos destruidores e disparou três torpedos na Ilha do Bloco .

O Capitão Francis Massie Huges descreveu o momento do ataque, que pegou o navio completamente de surpresa: "Sem aviso de qualquer tipo, um torpedo atingiu BLOCK ISLAND para a frente. [...] Aproximadamente três segundos depois, um segundo torpedo atingiu a nave com uma explosão despedaçada. Fui para a ponte o mais rápido possível. No caminho notei que o lado do porto do convés de voo se enrolou para trás cerca de 3 metros e a parte dianteira do convés de voo coberta com água oleosa. Notei a condição geral do navio e sabia que tínhamos sido muito danificados." (Huges, 1944, 6).

O porta-aviões classe Bogue-se estabeleceu rapidamente pela popa enquanto os eficientes Huges organizavam seus homens para abandonar o navio. Apenas 10 marinheiros morreram graças tanto à localização dos golpes quanto ao profissionalismo calmo dos oficiais e da tripulação. Enormes consideraram despejar a aeronave ao mar para retardar o naufrágio, mas decidiram não o fazer, pois seus tanques de gás rompidos poderiam criar uma mancha de queima na superfície da água. Ele também acelerou o processo de abandono do navio devido à chance de outro torpedo detonar as 135 torpedos e 65.000 galões de gasolina de aviação transportada a bordo da Ilha do Bloco – capaz de criar uma grande explosão que provavelmente matará todos os homens que ainda estão a bordo do navio condenado.

951 oficiais e tripulantes sobreviveram para serem resgatados da água pelos destruidores. O chefe carpinteiro Clarence Bailey recusou-se a deixar o navio devido a um homem com a perna presa entre a passarela dianteira e a estrutura principal do navio. Bailey e dois colegas farmacêuticos permaneceram na Ilha do Bloco por uma hora enquanto ele lentamente afundou, tentando desesperadamente libertar o marinheiro cortando pedaços da passarela com uma tocha de acetileno. Finalmente, incapazes de trabalhar sem perna, amputaram a perna do homem no joelho com uma faca de baia, que o libertou,

mas se mostrou fatal, pois ele morreu em poucos momentos de choque e perda de sangue.

Huges deixou o navio por último, pulando na água e nadando para um pequeno barco a uma certa distância. Enquanto os barcos dos destruidores trabalhavam para pegar as centenas de homens ainda na água, os torpedos a bordo de Block Island começaram a detonar quando um incêndio interno chegou a eles. De repente, uma explosão gigante atravessou o oceano quando as bombas detonaram a revista de torpedos da Ilha do Bloco , fazendo com que a tripulação de um destroier próximo acreditasse que um torpedo atingiu seu navio. O porta-escolta subiu verticalmente na ponta e mergulhou fora da vista nas profundezas do oceano.

Krankenhagen teve pouco tempo para desfrutar de sua vitória. Em vez de tentar escapar, u-549 ligou os destruidores, danificando o USS Barr com outro ataque de torpedo, em seguida, perseguindo Ahrens. A cena foi fatal. O destroier USS Eugene E. Elmore, sob o comando de George Conkey, zerou no submarino e o destruiu com torpedos. Todos os homens a bordo morreram quando a pressão da água e as explosões desabaram no casco do U-549.

O Auge dos Submarinos no Atlântico

Quando o Reino Unido e a França declararam guerra ao

Terceiro Reich após a invasão da Polônia em setembro de 1939, a fase inicial do conflito ganhou o nome de "Guerra Falsa" devido à inação francesa e britânica contra a fronteira ocidental da Alemanha. Além de uma fraca incursão francesa na região do Sarar, logo retirada, os aliados ocidentais falharam em atacar o Terceiro Reich enquanto seus exércitos permaneceram ocupados no leste.

No teatro marítimo, no entanto, a Guerra Falsa mostrou-se bastante violenta. Assim como o ataque de Pearl Harbor começou com um ataque de submarinos japoneses abortivos, submarinos abriram as hostilidades entre a Grã-Bretanha e a Alemanha no Atlântico.

A Kriegsmarine permaneceu pouco influenciada pela ideologia nazista durante toda a guerra, em vez de mostrar profissionalismo naval característico da marinha alemã por gerações. Embora corajosos, patrióticos e habilidosos, os marinheiros e comandantes dos submarinos mostraram pouco fanatismo, em vez disso, muitas vezes exibindo tendências cavalheirescas, especialmente no início da guerra.

O próprio Hitler, querendo manter os britânicos favoráveis à paz em um futuro próximo e interessado em evitar enfurecer os Estados Unidos, emitiu regras extremamente restritivas sobre alvos aceitáveis de submarinos. Estas regras excluíram basicamente qualquer navio não britânico, exceto navios franceses em comboios ou diretamente envolvidos em operações hostis, ao mesmo tempo em que isentavam os navios de passageiros britânicos de ataques.

No entanto, para o horror do Führer, o Almirante Karl Dönitz , e Friedrich-Julius Lemp (o comandante do submarino envolvido), o primeiro submarino "morto" da guerra violou cada um dos estrituras civilizadas de Kriegsmarine e Hitler. Lemp liderou o U-30 em um ataque ao anoitecer equivocado no transatlântico SS Athenia, matando 118 passageiros, incluindo 28 civis americanos. Lemp aumentou os problemas fugindo do local, deixando de informar seus superiores do erro ou tentando ajudar o navio atingido. Dönitz e Hitler só souberam desta catástrofe diplomática quando um furacão de profunda indignação moral eclodiu entre seus inimigos

Lemp e Dönitz

Apesar dos escrúpulos de Hitler, a guerra submarina envolvia necessariamente táticas de predadores de emboscadas que violavam as leis de guerra estabelecidas antes da criação de embarcações subaquáticas. Incapazes de lutar com qualquer esperança de sucesso contra as armas em massa de um navio de guerra de superfície, submarinos precisavam atacar sem aviso e, geralmente, abandonar as tripulações dos navios atingidos ao seu destino enquanto fugiam debaixo d'água.

Para ser justo, os americanos e britânicos usaram precisamente as mesmas táticas contra o transporte marítimo axis, incluindo a marinha mercante, como os submarinos usados contra o comerciante aliado e embarcações militares. De fato, especificamente e explicitamente por esta razão, os vitoriosos Aliados ocidentais não apresentaram acusações de crimes de guerra contra qualquer pessoal kriegsmarine por afundar navios mercantes após o fim da guerra. Apenas aqueles poucos indivíduos que cometeram atrocidades óbvias, como atirar em botes salva-vidas ou pessoas deixadas flutuando impotentes na água, se viram acusados de crimes contra a humanidade.

A Kriegsmarine, na verdade, muitas vezes mostrou um grau de cíctrio cavalheiresco um tanto inesperado em uma guerra do século 20. Atrocidades ocorreram entre os serviços submarinos dos alemães, britânicos e americanos, mas eles permaneceram a exceção e não a regra. Apenas o serviço submarino da Marinha Imperial Japonesa produziu um número extraordinário de criminosos de guerra, participando de torturas, massacres de prisioneiros, e, nos casos em que civis ou pessoas mulheres caíram em suas mãos, estupros frequentes e impunes.

Poucos dias depois de Lemp tirar o primeiro sangue, os submarinos começaram a afundar vários navios mercantes britânicos no Atlântico, e outros submarinos realizaram a difícil tarefa de mineração de precisão em canais frequentados pela marinha mercante aliada. Neste ponto da guerra, a menos que atacados imediatamente por escoltas, os submarinos muitas vezes pararam para ajudar os sobreviventes com seus botes salva-vidas. Alguns capitães também transmitiram informações de resgate para as forças navais opostas, uma prática frequentemente repetida durante toda a guerra no Atlântico e no Mediterrâneo por ambos os lados quando um capitão se viu obrigado a deixar um número de sobreviventes na água. O U-48 de Herbert Schultze afundou o cargueiro Firby em 11 de setembrode, 1939, depois que o médico do submarino enfaixou vários marinheiros britânicos feridos e os alemães colocaram comida e água a bordo dos Firby's salva-vidas. Schultze então transmitiu um sinal de rádio não codificado: "Transmita ao Sr. Churchill. Eu afundei o navio britânico Firby. Posição 59 graus 40 minutos ao norte, treze graus 50 minutos a oeste. Salve a tripulação, por favor. Submarino alemão." (Blair, 1996, 152).

Os britânicos não permaneceram passivos diante deste desafio, mas tentaram contra-atacar. A aeronave Skua do famoso porta-aviões Ark Royal localizou o U-30 de Lemp em 14 de setembro e tentou bombardear o submarino. No entanto, suas bombas mal projetadas realmente se recuperaram da superfície da água e explodiram no ar, inadvertidamente derrubando dois dos Skuas. Os alemães galantemente pararam e resgataram os dois pilotos, apesar dos disparos de metralhadoras de outros Skuas, e mais tarde incendiaram os homens na Islândia neutra.

O Ark Royal em 1939

U-39, pulou por Gerhard Glattes, perseguiu Ark Royal enquanto este drama se desenrolava em outro lugar. Destruidores Ark Royaltinham vapor à frente enquanto o porta-aviões lançava seus Skuas. A tripulação de Glattes disparou uma propagação de torpedos, mas devido a pistolas magnéticas defeituosas, todas detonadas antes de chegar ao casco do navio. Os destruidores retornaram às pressas com relatos de detonações de torpedos perto do Ark Royal e bateram U-39 com torpedos. Quando seu submarino sofreu danos moderados, Glattes entrou em pânico, ordenou que o submarino aparecesse, e disse a seus homens para abandonar o navio. A carga de scuttling do submarino disparou, afundando o navio, e os britânicos resgataram com sucesso toda a tripulação de 43 homens das ondas, vencendo pela primeira vez um antissubmarino da guerra.

Um submarino Tipo IXA, classe U-39

Os submarinos continuaram a atacar petroleiros e comerciantes britânicos, embora não na escala que se desenvolveriam mais tarde na guerra. Em 14 de outubro de, no entanto, Gunther Prien e a tripulação do U-47 executaram um ataque de ousadia excepcional contra a principal base da frota britânica na remota localização das Ilhas Orkney de Scapa Flow. Prien trouxe seu submarino para o porto despreparado tarde da noite, sob um céu estrelado cheio de flashes fantasmagóricos de Aurora boreal. O submarino cautelosamente evitou um destroier de patrulha e contornou a linha inadequada de bloqueios na entrada do porto. Os britânicos permitiram que as defesas de Scapa Flow se deteriorassem seriamente entre as guerras, e Prien experimentou pouca dificuldade em entrar.

Uma vez dentro, Prien torpedeou o encouraçado HMS Royal Oak, afundando-o e matando pelo menos 786 homens, incluindo o Almirante Henry Blagrove, que silenciosamente se recusou a deixar o navio. Alguns números de baixas variam até 883 mortes. Prien usou a tática de girar seu submarino para disparar alternadamente com os tubos de proa e torpedo severo, e foi a terceira salva que destruiu Royal Oak.

Ao saber dos detalhes do ataque, Winston Churchill fez duas observações. Sobre a tripulação do Royal Oak, muitos dos quais sobreviveram ao ataque inicial apenas para morrer de asfixia dentro do casco capotado, ele afirmou: "Pobres companheiros, pobres companheiros, presos nessas profundezas negras." (Turner, 2008, 52). No entanto, ele também descreveu o ataque do submarino como "uma maravilhosa façanha de armas", encapsulando o contraste da guerra entre incríveis realizações de coragem, resistência, engenhosidade e horror.

Uma visão de três quartos de um navio de guerra fortemente blindado e ancorado. Há duas torres principais visíveis antes da ponte, cada uma abrigando um par de armas de 15 polegadas. Armas de 6 polegadas estão alojadas em uma fileira de esponsons individuais voltados para os lados. O flanco do navio tem uma protuberância visível na linha d'água.

O Royal Oak

Embora os destruidores finalmente se lançaram para perseguir o submarino em retirada, Prien escapou escolhendo uma rota muito perto da costa. O longo, baixo e liso casco preto de seu submarino duas vezes ficou sob o brilho dos holofotes, e os faróis de um veículo em terra iluminavam-no uma vez, mas todas as vezes, os britânicos não conseguiram identificar sua embarcação e a ousada tripulação alemã viveu para lutar outro dia.

Embora ambos os lados soubessem as táticas do grupo que pretendiam usar – bandos de lobos do lado alemão e comboios do lado aliado – nenhum deles empregava esses métodos inicialmente. Durante 1939 e 1940, os submarinos continuaram operando de forma ponderada, enquanto os Aliados usaram poucos comboios durante o mesmo período. Somente em 1941 os comboios e os bandos de lobos apareceram como arranjos táticos comuns.

As operações de submarinos no Atlântico permaneceram bastante limitadas até 1940, quando a conquista da França em maio a junho proporcionou ao Terceiro Reich uma enorme perda de novas instalações portuárias. Em vez de se limitar a lançar submarinos da curta costa alemã e negociar os estreitos estreitos entre a Dinamarca e a Escandinávia para alcançar as águas abertas do Atlântico, a Kriegsmarine agora construiu canetas u-boat em cinco grandes locais ao longo da costa francesa.

Embora soberbamente localizadas adjacentes às águas territoriais britânicas, essas novas bases também estabeleceram uma distância muito curta dos aeródromos na Inglaterra. Ataques de bombardeio da Força Aérea Real (RAF) podiam ocorrer a qualquer momento. Assim, os alemães construíram bases massivamente fortificadas e altamente sofisticadas de submarinos capazes de resistir a bombardeios pesados e prolongados.

As novas bases incluíram Brest, Lorient, St. Nazaire, La Pallice e Bordeaux. Em cada local, os alemães construíram enormes bunkers de concreto que abrigavam várias canetas inundadas de submarinos. Os engenheiros projetaram muitas dessas canetas para serem fechadas, depois bombeadas secas, permitindo o acesso a todo o casco para equipes de reparo. Com o passar da guerra, a construção de "canetas secas" adicionais tornou-se uma prioridade, para reparar submarinos danificados em ação e devolvê-los ao serviço o mais rápido possível.

Um extenso complexo ligado a cada bunker, incluindo oficinas, instalações de reparo, depósitos de combustível, depósitos de munição, guindastes e toca-discos capazes de levantar e mover um submarino inteiro, quartéis para tripulações e pessoal da costa, e muitas outras instalações. Os alemães construíram esses bunkers tão solidamente que sobrcviveram a numerosos bombardeios essencialmente ilesos, bem como intemperes no pós-guerra e atividade civil. A maioria permanece em um excelente estado de preservação no início do século 21 . Na verdade, a marinha francesa assumiu muitas dessas excelentes instalações após o fim da Segunda Guerra Mundial.

No final de 1939, o submarino classe S HMS Salmon revidou com algum efeito contra a Kriegsmarine perto da Noruega. Em 4 de dezembro, Salmon observou oU-36 na superfície perto de Stavenger, e emboscou com sucesso o submarino alemão, afundando-o usando um único torpedo. Mais tarde, na mesma patrulha, Salmon danificou severamente o cruzador de luz Leipzig e infligiu danos moderados no cruzador de luz Nurnberg.

O HMS *Salmon*

Submarinos britânicos tentaram interceptar a força de

invasão enviada à Noruega, uma vez que a Luftwaffe e Kriegsmarine controlaram os mares entre a Alemanha e a Escandinávia muito efetivamente em 1940 para o RN ou a RAF para deter o ataque. No entanto, os alemães desfrutaram dos frutos de um golpe de inteligência próprio. O pessoal alemão da Abwehr (inteligência militar) detectou os sinais de rádio do punhado de submarinos britânicos que operavam na área, e claramente guiou a flotilha de invasão para longe deles.

Os britânicos também usaram submarinos no Mediterrâneo contra forças navais italianas no processo de transporte de suprimentos, veículos e homens para o teatro norte-africano. Em 1940, esses submarinos afundaram apenas alguns navios enquanto sofriam perdas relativamente pesadas. No entanto, fortes reforços em 1941 reforçaram o sucesso dos submarinos da Marinha Real britânica operando a partir de Malta. As habilidades táticas do novo comandante regional, G.W.G. "Shrimp" Simpson, também aumentaram a taxa de sucesso do submarino.

Em 1940, submarinos alemães lançaram numerosas minas nos principais canais de navegação perto da Grã-Bretanha. Como estratégia deliberada, os submarinos atacaram principalmente navios mercantes neutros em vez de britânicos navegando para a Inglaterra. A intenção era impedir outras nações de ajudar o Reino Unido em batalha.

1940 também trouxe à tona problemas com os torpedos dos submarinos. Pistolas magnéticas defeituosas ou "explosivos", como às vezes se sabe, fizeram com que muitos torpedos detonassem prematuramente. Isso causou vários meses de "tempo de inatividade" à medida que os técnicos reequiparam apressadamente todos os torpedos com detonadores de contato, o que garantiu que apenas os golpes reais causariam uma explosão, mas exigiam maior precisão no uso.

Os novos detonadores pagaram dividendos e, no final de 1940, Dönitz expressou sua satisfação: "Se mesmo dois dias se passaram sem meus relatos de navios terem sido avistados por submarinos eu imediatamente ordenei uma redistribuição das minhas forças. À medida que se tornava cada vez mais evidente que tínhamos uma excelente chance de alcançar grandes sucessos, eu estava muito ansioso para que nenhum dia passasse sem o naufrágio em algum lugar ou outro de um navio por um dos barcos no mar." (Hoyt, 1984, 61).

A combinação de novos acessos aos portos e bases franceses, além dos novos arranjos de torpedos, inaugurou o "Primeiro Tempo Feliz" – um período de sucesso acentuado para os submarinos. Além disso, os navios britânicos raramente tinham radar, e desde que os submarinos rondavam a noite na superfície, tornou-os todos, menos invisíveis para o ASDIC usado pelos comboios naquela época. O Primeiro Tempo Feliz durou de junho a outubro de 1940 e testemunhou o naufrágio de 282 navios, totalizando pouco menos de 1,5 milhão de toneladas.

No entanto, os submarinos alemães não foram os únicos que tiveram sucesso. Só no primeiro trimestre de 1941, os submarinos britânicos afundaram 150.000 toneladas de navios do Eixo que as águas entre a Itália e o norte da África. Os alemães responderam enviando submarinos, e-boats (patrulha rápida, armados com torpedos e lanchas de ataque), e conjuntos de sonares para os italianos montarem em seus destruidores anti-submarinos. No início de 1942, essas contramedidas contribuíram para o naufrágio de vários submarinos da Marinha Real. Os alemães e italianos estabeleceram extensos campos minados ao redor de Malta também, que afundou quase tantos submarinos quanto os submarinos e navios italianos. De março a abril de 1942, os britânicos decidiram abandonar Malta como base submarina. Embora o Eixo tenha perdido 117.000 toneladas de navios mercantes para as tripulações de submarinos destemidos, 94% dos suprimentos necessários pelos Afrika Korps e as forças italianas ainda chegaram em segurança.

Em julho de 1942, os britânicos estabeleceram uma nova

base de submarinos em Gibraltar e substituíram suas perdas. Esta força submarina ajudou a invasão de outubro do norte da África por uma nova força anglo-americana, a Operação Tocha. Nos meses seguintes, 32 submarinos da Marinha Real aturaram comboios do Eixo em conjunto com ataques aéreos pesados. A aeronave finalmente reivindicou mais transporte, mas os submarinos fizeram sua parte em sufocar o esforço de reabastecimento do Eixo. A falta de suprimentos e reforços contribuiu fortemente para a rendição das últimas forças afrika korps na Tunísia no final da primavera de 1943.

Os britânicos perderam apenas 1 submarino para submarinos, enquanto afundavam 19 de seus homólogos do Eixo no Mediterrâneo. Apesar da excelência do treinamento da tripulação u-boat, os ingleses rapidamente desenvolveram táticas superiores adaptadas às idiossincrasias do Mediterrâneo: "submarinos britânicos [...] permaneceram submersos à luz do dia, não só nas zonas de patrulha , mas em trânsito [...] O rádio foi usado com a maior moderação possível por causa da exata direção de rádio axis que encontrou estações [...] uma estratégia de 'botos' foi desenvolvida, pela qual a cada quarto de hora o submarino subia para verificar os seus arredores -(especialmente verificar se havia aeronaves por perto) antes de submergir nas profundezas novamente." (McCartney, 2008, 39-40).

O tamanho relativamente limitado do Mediterrâneo fez da viagem submersa uma tática viável. Os submarinos Kriegsmarine, acostumados aos vastos espaços do Atlântico, viajavam na superfície em busca de velocidade, apenas submergindo quando navios ou aeronaves inimigas apareceram. Isso explica o desequilíbrio nas perdas entre as forças do submarino rival. O primeiro aviso de um submarino britânico de que um submarino britânico operava nas proximidades enquanto ele cruzou sem levantar suspeitas na superfície geralmente consistia de uma propagação de torpedos soprando seu casco em pedaços.

A entrada dos Estados Unidos na guerra em dezembro de 1941 provou ser um benefício breve, mas definitivo, para os capitães dos submarinos. A remoção da necessidade de evitar antagonizar os americanos abriu um enorme novo "campo de caça" contra os submarinos Kriegsmarine. Como animais de rapina em um habitat anteriormente isolado, a Marinha dos EUA mostrou notável ingenuidade lidando com este novo "predador". Inicialmente, a USN evitou comboios em favor de uma abordagem mais "ofensiva".

A rejeição americana dos comboios presenteou os capitães dos submarinos com um monte de navios vulneráveis. Embora o Kriegsmarine só atribuiu 5 submarinos às águas costeiras americanas e ao Caribe inicialmente, este número logo aumentou para 20. Apresentados com enxames de navios isolados e vulneráveis, os capitães dos submarinos afundaram centenas em curto prazo. Esta "janela" durou apenas um tempo relativamente curto, no entanto, como a USN logo percebeu seu erro letal e apressadamente adotou o sistema de comboio.

Antes desse ponto, no entanto, os alemães tinham muito o que fazer. O Segundo Tempo Feliz se estendeu de janeiro a agosto de 1942, provando-se mais frutífero do que o Primeiro. Os submarinos acabaram com 609 navios em águas americanas, totalizando 3,1 milhões de toneladas de materiais afundados. O fracasso dos americanos em empregar comboios também decorreu não apenas do excesso de confiança da USN, mas da falta de navios de escolta suficientes. Em tais circunstâncias, a Marinha achou melhor enviar um grande número de navios individuais em vez de reuni-los em comboios que não poderiam defender realisticamente. No entanto, o Almirante Ernest King compartilha alguma responsabilidade por não desenvolver as capacidades de comboio americano mais cedo, em grande parte devido à sua fixação quase obsessiva na campanha do Pacífico.

Adicionando ainda mais ao nexo de problemas enfrentados pelos Aliados durante o Segundo Tempo Feliz, a Kriegsmarine adotou uma nova máquina de codificação Enigma, TRITON, no início de 1942, tornando seus sinais temporariamente impenetráveis para os decifradores de código aliados. Talvez seja significativo que o Segundo Tempo Feliz tenha terminado ao mesmo tempo em que os Aliados capturaram livros de código TRITON de U-559 nas águas do Egito.

U-559, pulou por Hans-Otto Heidtmann, encontrou-se em sérios problemas em 30 de outubrode, 1942. Caçados incansavelmente durante a maior parte do dia depois de serem descobertos por um grupo de cinco destruidores britânicos, os alemães finalmente vieram à tona às 22h40 depois que um torpedo comprometeu seu casco.

Heidtmann esperava escapar na escuridão, mas HMS Hurworth e Petard instantaneamente avistou o submarino e o arrasou com vendavais de 40 mm de fogo de canhão. Heidtmann e vários outros homens morreram, e o resto saltou ao mar – uma efetiva admissão de rendição. Embora a carga de scuttling tenha detonado, a tripulação esqueceu de destruir sua máquina Enigma separadamente em seu pânico.

Três bravos voluntários entraram no submarino lentamente afundando – o tenente Francis Fasson, o marinheiro Colin Grazier e o assistente da Cantina Thomas Brown, então um adolescente tecnicamente jovem demais para participar. Fasson, nu, exceto por uma lanterna e uma metralhadora, atravessou o U-559, logo enviando Brown para o convés com uma pilha de livros de código. Enquanto Fasson e Grazier tentavam manusear a máquina Enigma até a escada da torre, o submarino afundou abruptamente, sugando ambos os homens até a morte nas águas negras do Mediterrâneo da meia-noite.

No entanto, Brown e os livros de código chegaram a um barco de baleias nas proximidades e de lá voltaram a bordo do destruidor. Com os livros de código e erros descuidados por parte dos operadores Enigma, os decifradores de códigos do Parque Bletchley e o gênio da computação britânico Alan Turing decifraram o código TRITON em dezembro. O Primeiro Lorde do Mar, Alfred Pound, forneceu os códigos aos americanos, com uma nota zombando do Almirante Ernest J. King que, considerando o temperamento deste último (Franklin D. Roosevelt uma vez brincou que o rei "deve se barbear com um maçarico), provavelmente produziu mais raiva do que apreciação: "Você vai, tenho certeza, apreciar os cuidados necessários para fazer uso dessas informações para evitar que a suspeita seja despertada quanto à sua fonte. Achamos isso especialmente difícil quando a ação das autoridades de roteamento fora do Almirantado é necessária. Final mente, é preciso que a Comunidade lance, no âmbito das medidas com vista ao desarmamento, um programa comum destinado à conversão de armamento. Em 1998, 87% dos trabalhadores dos transportes terrestres eram homens.

Independentemente das reservas de Pound, e da fúria que eles sem dúvida despertaram no rei explosivo e espinhoso, a quebra do código TRITON resultou em uma rápida queda nas perdas de navios nos primeiros meses de 1943. O tempo quase chegou para o pêndulo das fortunas da guerra balançar na direção oposta e os submarinos sofrerem um momento muito "infeliz".

Na mesma época, a Operação Husky, a invasão aliada da Sicília, constituiu um canto de cisne altamente bem sucedido para uma grande presença de submarinos britânicos no Mediterrâneo. Os submarinos realizaram tarefas críticas de exploração, incluindo colocar festas furtivas de batedores e engenheiros em terra para observar a adequação de várias praias para assalto. Uma vez que os Aliados completaram a conquista da Sicília e a maior parte da Itália mudou oficialmente de lado com a expulsão do homem forte Benito Mussolini do poder, os britânicos transferiram a maioria de seus submarinos para os oceanos Pacífico e Índico para combater a Marinha Imperial Japonesa.

Vitória Aliada no Atlântico

Os númcros de perda de submarinos para os vários anos de guerra fornecem um quadro objetivo e acentuado de mudanças abruptas nas fortunas sofridas pelos submarinos alemães em 1943. Em 1939, 1940 e 1941, os alemães perderam 9, 22 e 35 submarinos, respectivamente. 1942, um ano de transição, testemunhou o naufrágio de 96 submarinos. Um salto catastrófico nas perdas aparece em 1943, no entanto, com 237 "caixões de ferro" perdidos. Os Aliados afundaram mais 241 embarcações em 1944 e 153 U-boats nos primeiros 5 meses de 1945, teoricamente anualizando para 367 se a guerra tivesse continuado o ano todo.

Vários fatores convergiram para virar a Batalha do Atlântico de forma decisiva a favor dos Aliados no início de 1943. A produção americana de contratorpedeiros, em suas enormes instalações de manufatura sem bombardeios, finalmente atingiu seu potencial, disponibilizando um grande número de navios de alta qualidade para tarefas de escolta e caçador-assassino. A implantação dos porta-aviões de escolta, como os navios da classe Bogue-, também infligiu perdas aos submarinos, eliminando a área mesoatlântica onde patrulhas aéreas antes eram impossíveis.

É justo dizer que os Aliados venceram a Batalha do Atlântico em abril-maio de 1943, um período conhecido como "Maio Negro" para as tripulações dos submarinos. O poder aéreo formou o elemento-chave na reversão, auxiliado pelo radar centimétrico, uma invenção que permitiu encaixar um pequeno, mas poderoso dispositivo de radar em cada aeronave anti-submarina e embarcação de superfície, ao invés de apenas alguns selecionados. O Golfo da Biscaia se tornou um campo de caça para aeronaves aliadas e um cemitério de águas profundas para o Kriegsmarine.

Durante "Maio Negro", os Aliados afundaram 56 U-boats com a ajuda de uma nova cobertura aérea e radar centimétrico. Ainda em 19 de maio, Dönitz permaneceu em um estado chocante de negação, emitindo a seguinte declaração: "Se há alguém que pensa que lutar contra comboios não é mais possível, ele é um fraco e nenhum comandante de submarino real. A Batalha do Atlântico fica mais difícil, mas é a campanha decisiva da guerra. Esteja ciente de sua alta responsabilidade e seja claro que você deve responder por suas ações ... Seja duro, vá em frente e ataque. Confio em você. C-em-C. " (Budiansky, 2013, 218).

Apenas quatro dias depois, o Grande Almirante percebeu sua própria tolice e ordenou que os U-boats se retirassem, observando que cada 10.000 toneladas de navios afundados agora custavam um U-boat, em contraste com a "taxa de câmbio" do Second Happy Time de um U - boat por 100.000 toneladas afundadas. Como um golpe final para os submarinos, King ordenou a introdução de um novo livro de códigos, que isolou os decifradores do

Terceiro Reich das comunicações do comboio pelo resto da guerra.

Como os submarinos continuaram a perecer em um ritmo acelerado, o almirante Karl Donitz ordenou que os submarinos abandonassem a luta no Atlântico em 24 de maio de 1943. Embora tenha mentido para Hitler e declarado que a ofensiva seria retomada em algumas semanas, o almirante sabia que a Kriegsmarine havia perdido para as forças anglo-americanas. Os U-boats apenas afundaram 92 navios durante todo o ano entre a retirada de Donitz e os desembarques do Dia D em junho de 1944.

Na verdade, os planos para os desembarques do Dia D começariam quase imediatamente após os comandantes aliados perceberem que os U-boats deram meia-volta. Transportadores como o USS Bogue continuaram vasculhando as águas do Atlântico em busca de intrusos, mas os dias dos invasores comerciais haviam terminado. O almirante americano Ernest J. King e o almirante britânico Sir Max Horton colaboraram no desenvolvimento de uma grande estratégia naval durante 1942, em 1943 e adiante, que levou à vitória no mar e, eventualmente, também no continente europeu.

A devastação das forças de submarinos no início de meados de 1943 enviou um sinal claro para a

Kriegsmarine e para Adolf Hitler em particular de que essas ferramentas essenciais da guerra marítima precisavam ser revitalizadas. Os submarinos Tipo VII e IX não podiam mais funcionar com eficácia na guerra naval que se desenvolveu na Europa naquela época.

Hitler, que variava entre uma visão militar penetrante e decisões flagrantemente ruins para lidar com a situação de guerra, reconheceu essa necessidade com suas ordens: "Em julho, Hitler deu alta prioridade à construção de classes completamente novas de submarinos, mais notoriamente o tipo XXI. Essas novas embarcações representaram um grande salto em frente no projeto de submarinos e eram muito superiores às embarcações aliadas. Eles foram construídos com cascos aerodinâmicos que lhes permitiam chegar a 18 nós debaixo d'água e tinham snorkels para que pudessem recarregar suas baterias e tomar oxigênio enquanto estavam submersos. " (O'Brien, 2015, 25).

Os alemães tentaram várias tecnologias além dos barcos snorkel, incluindo detectores de radar, aumento do armamento antiaéreo em submarinos e uma variedade de iscas. Nenhum impediu o rápido sangramento da força do submarino Kriegsmarine ou combateu com eficácia as tecnologias e táticas aliadas. Os submarinos desapareceram como uma ameaça estratégica significativa, em vez de se tornar uma arma de terror aleatório e vingança ocasional.

No início de maio de 1945, o capitão de 24 anos Hans Schaffer levou seu submarino U-977 em uma jornada de miséria épica para a Argentina. Esta fuga para a América do Sul do condenado Terceiro Reich gerou uma enxurrada de livros e artigos postulando que o navio levava Adolf Hitler e Eva Braun, ou talvez seus restos mortais, para o exílio. Nenhuma evidência apóia essa afirmação fantástica, embora Schaffer tenha alegado um motivo quase igualmente bizarro para a viagem: "Uma das minhas principais razões para decidir seguir para a Argentina [...] foi baseada na propaganda alemã que afirmava que os jornais americanos e britânicos defendiam ... que todos os homens alemães fossem escravizados e esterilizados ... Era absolutamente minha intenção entregar o barco ileso nas mãos dos Aliados, enquanto fazia o melhor que podia pela minha tripulação. Achei que os motores do navio poderiam ser um complemento valioso para a reconstrução da Europa. " .

Mesmo sem Hitler, Braun, Martin Bormann ou qualquer outro líder nazista a bordo, a viagem do U-977 representou um feito notável de marinharia e tecnologia aplicada. Apesar dos danos anteriores de colisões com outras embarcações alemãs e um encalhe acidental ao largo da Noruega, o U-boat de Schaffer permaneceu submerso por 66 dias entre 10 de maio e 14 de julho de

1945 a , quase levando sua tripulação a um motim ou insanidade devido a as condições intoleráveis a bordo. O navio finalmente emergiu nos trópicos para dar aos homens algum tempo para nadar e se limpar antes de seguir para a Argentina.

Apenas um outro U-boat escapou para a América do Sul. Várias centenas de capitães afundaram seus submarinos antes de se renderem, e 174 renderam seus barcos intactos. Destes, os britânicos afundaram a maioria perto de seu ancoradouro atual ou na costa norte da Irlanda em uma ação conhecida como Operação Deadlight.

Uma foto de dezenas de U-boats atracados na costa durante a Operação Deadlight

Assim que a ameaça do submarino diminuiu e os alemães perderam a capacidade de construir uma poderosa frota de superfície, a conclusão da guerra européia foi predeterminada. Nem os britânicos nem os soviéticos sucumbiriam ao tremendo apoio oferecido pelos complexos industriais e vastas fazendas do interior dos Estados Unidos. À medida que os Aliados cimentavam o controle dos céus, os alemães sofriam cada vez mais o mesmo destino que infligiram aos poloneses nos primeiros dias da guerra. Os Aliados bombardearam fábricas, destruíram novos tanques e veículos em números paralisantes antes que os alemães conseguissem colocá-los em ação e interromperam quase todo o transporte em grande escala de suprimentos vitais e combustível.

Eventualmente, as forças aéreas anglo-americanas negaram aos alemães até mesmo movimento tático local, aniquilando unidades mecanizadas do ar se eles tentassem se mover durante o dia. Até a famosa Ofensiva das Ardenas ocorreu em mau tempo, parando imediatamente quando o céu clareou e os voos dos Spitfires, Mustangs e Hellcats mais uma vez varreram a paisagem como águias de aço procurando ansiosamente por sua presa.

Ao todo, o teatro atlântico da Segunda Guerra Mundial testemunhou eventos estrategicamente significativos na luta entre os U-boats de Dönitz e as forças combinadas dos Aliados ocidentais. Realizada no segundo maior campo de batalha único do planeta (o maior consistindo no Oceano Pacífico), a guerra de submarinos no Atlântico desenvolveu-se precisamente de maneira oposta àquela que ocorre no outro lado do globo.

No Pacífico, os submarinos americanos devastaram totalmente a marinha mercante do Japão, paralisando a economia imperial. Eles também dizimaram uma porção considerável da frota de superfície do IJN, embora menos do que os porta-aviões e sua carga letal de aeronaves altamente eficazes reivindicadas. Apesar de representar apenas 2% dos recursos da frota americana no Pacífico, os submarinos provaram ser um sistema de armas decisivo graças ao fracasso dos japoneses em desenvolver táticas ou tecnologia para combatê-los.

No Atlântico, a história provou o contrário. Hitler e Dönitz esperavam que os submarinos devastassem os navios aliados da mesma maneira que os americanos acabaram destruindo a marinha mercante do Japão, mas esse sonho nunca chegou perto de se realizar. Os ataques de submarinos causaram caos, devastação e terror, mas não conseguiram sufocar a economia do tempo de guerra da Grã-Bretanha ou mesmo ameaçar seriamente deter a maré dos navios da liberdade que logo saíam das costas americanas.

Os homens da Kriegsmarine no serviço de submarinos tinham pouca lealdade nazista, em vez disso lutavam por razões antigas de profissionalismo militar, orgulho marcial e patriotismo. Como seus opostos nas marinhas aliadas, eles mostraram imensa coragem e desenvoltura em um campo de batalha cruel e implacável. Mais de

28.000 desses homens morreram durante o curso da guerra, e de 842 submarinos construídos e lançados, os Aliados afundaram 793, indicando a determinação das tripulações alemãs e a eficácia de sua derrota.

Apesar da destruição, os U-boats receberam uma porção considerável da produção industrial e de munição alemã, variando de mais de 11% em 1941 e 1942, caindo para 6,1% em 1943, conforme as fábricas se reequipavam para os novos submarinos Tipo XXI e outros U-boats equipados com snorkels, e aumentando novamente para 8% em 1944. As diretrizes prioritárias de Hitler classificaram os U-boats e aviões de combate avançados como os veículos mais urgentes para fabricação, enquanto os Panzers desapareceram inteiramente das listas de prioridades de fábrica no final do período da guerra.

Os submarinos infligiram mais danos ao transporte aliado do que qualquer outro método. Os invasores de superfície e aeronaves afundaram 30% dos navios perdidos em ataques do Eixo, enquanto os submarinos destruíram 70%. No total, os U-boats afundaram mais de 3.000 navios, totalizando mais de 14 milhões de toneladas de materiais afundados. As figuras também fornecem uma confirmação surpreendente do papel crucial da aptidão individual; apenas 3% dos capitães de submarinos responderam por 28,6% da tonelagem total afundada (Williamson, 2005, 195).

A campanha do submarino teve um efeito moral significativo sobre os Aliados, além de sua restrição prática dos suprimentos britânicos. Como Winston Churchill exclamou: "Com que boa vontade eu teria trocado uma tentativa em grande escala de invasão por esse perigo sem forma e imensurável, expresso em gráficos, curvas e estatísticas!" (Budiansky, 2013, 132-133).

O submarino teve um futuro importante como uma embarcação com propulsão nuclear durante a Guerra Fria, capaz de manter a ameaça de destruição nuclear fora do alcance de ataques convencionais. O uso de submarinos no Atlântico durante a Segunda Guerra Mundial, no entanto, demonstrou as limitações e também as possibilidades desse sistema de armas furtivas. Os americanos tiveram a sorte de usar seus submarinos do Pacífico como parte de uma estratégia de armas combinadas, e eles conseguiram, enquanto os alemães, limitados por muitos fatores, tentaram usar o submarino como uma arma completamente independente, infligindo perdas consideráveis aos seus adversários e, por fim, falhou, tudo a um custo amargo para os bravos homens que pilotaram as "canoas de Hitler" contra os Aliados.

Bibliografia

Blair, Clay. *Hitler's U-Boat War: The Hunters, 1939-1942.* New York, 1996.

Blair, Clay. *Hitler's U-Boat War: The Hunted, 1942-1945.* New York, 1998.

Budiansky, Stephen. *Blackett's War: The Men who Defeated the Nazi U-Boats and Brought Science to the Art of Warfare.* New York, 2013.

Collingwood, Donald. *The Captain Class Frigates in the Second World War.* Annapolis, 1999.

Doenitz, Karl, and R.H. Stevens (translator). *Memoirs: Ten Years and Twenty Days.* Annapolis, 1990.

Howard, Peter. *Underwater Raid on Tirpitz.* Hersham, 2006.

Hoyt, Edwin P. *The U-Boat Wars.* New York, 1984.

Huges, Francis Massie. *Action Report on the Operations Concerning the Loss by Enemy Action of the U.S.S. BLOCK ISLAND on 29 May 1944.* Cruise report; http://www.uboatarchive.net/U-549A/U-549BlockIslandReport.htm; retirado em23 de Março de 2016; Original de 29 de Junho de 1944.

McCartney, Innes. *British Submarines 1939-45.* Oxford,

2008.

McKee, Fraser M. "An Explosive Story: The Rise and Fall of the Common Depth Charge." *The Northern Mariner,* III, No. 1, Janeiro de 1993, pp. 45-58.

O'Brien, Phillips Payson. *How the War was Won: Air-Sea Power and Allied Victory in World War II.* Cambridge, 2015.

Paterson, Lawrence. *Weapons of Desperation: German Frogmen and Midget Submarines of the Second World War.* Londres, 2006.

Peillard, Leonce and Oliver Coburn (translator). *Sink the Tirpitz!* Londres, 1983.

Prenatt, Jamie and Mark Stille. *Axis Midget Submarines, 1939-1945.* Oxford, 2014.

Squadron/Signal Publications. *Escort Carriers in Action.* Carrollton, 1996.

Steinmetz, Everett H. "USS Barb (55-220) and Subron 50." *POLARIS magazine,* Edição de Junho de 1998.

Turner, David. *Last Dawn: The Royal Oak Tragedy at Scapa Flow.* Ely, 2008.

Warren, C.E.T. and James Benson. *The Midget Raiders: the Wartime Story of Human Torpedoes and Midget*

Submarines. New York, 1954.

Werner, Herbert A. *Iron Coffins: A Personal Account of the German U-Boat Battles of World War II.* New York, 2002.

Williamson, Gordon. *Wolf Pack: the Story of the U-Boat in World War II.* Oxford, 2005.